朱子早期思想的转折与发展

吴瑞荻　洪明超　著

合肥工业大学出版社

内容简介

朱子在中国文化史上是承前启后的核心人物，本书是对朱子早期思想变化过程的研究。以"中和新说"的建立为界，朱子的思想至少经历了五个阶段：最早受其父韦斋的影响，追求儒家色彩的"自得"之学；从学武夷三先生及其后数年间，沉迷于佛道二教；面见李延平后心服而师事之，归宗儒门，接续道南一脉；李延平去世后，又因终不契其旨，便独自摸索，有"丙戌之悟"，确立"中和旧说"；湖南之行后，不满湖湘学风，又自我反思，于是有"己丑之悟"，确立"中和新说"。他的思想是如何在这个过程中层层转出，最终发展成熟的呢？这正是本书要探讨的问题。只有对朱子早期思想有所把握，才能够对其成熟思想的要义有更真切的理解。

图书在版编目（CIP）数据

朱子早期思想的转折与发展/吴瑞获，洪明超著 . —合肥:合肥工业大学出版社,2022. 11

ISBN 978 - 7 - 5650 - 6151 - 6

Ⅰ. ①朱…　Ⅱ. ①吴…　②洪…　Ⅲ. ①朱熹（1130—1200）—哲学思想—研究　Ⅳ. ①B244. 75

中国版本图书馆 CIP 数据核字（2022）第 224627 号

朱子早期思想的转折与发展

吴瑞获　洪明超　著　　　　　　　　责任编辑　孙南洋

出　版	合肥工业大学出版社	版　次	2022 年 11 月第 1 版
地　址	合肥市屯溪路 193 号	印　次	2023 年 12 月第 1 次印刷
邮　编	230009	开　本	710 毫米×1010 毫米　1/16
电　话	人文社科出版中心:0551 - 62903200	印　张	8.75
	营销与储运管理中心:0551 - 62903198	字　数	139 千字
网　址	press. hfut. edu. cn	印　刷	安徽昶颉包装印务有限责任公司
E-mail	hfutpress@ 163. com	发　行	全国新华书店

ISBN 978 - 7 - 5650 - 6151 - 6　　　　　　　　　　定价：49.00 元

如果有影响阅读的印装质量问题，请与出版社营销与储运管理中心联系调换。

前　言

　　朱子是宋代理学的集大成者，其思想对后世八百余年的政治、社会、历史、文化，都有着极其深刻而巨大的影响。钱穆先生曾经指出："在中国历史上，前古有孔子，近古有朱子，此两人，皆在中国学术思想史及中国文化史上发出莫大声光，留下莫大影响。旷观全史，恐无第三人堪与伦比。"① 在朱子之后的儒家学者，或者述朱，或者反朱，但皆无法绕开或忽视朱子，即便是对朱子思想不满者亦须承认这一现实。

　　然而相比于有些"早熟"的思想家，朱子哲学体系的发展和成熟过程显得十分漫长与曲折。其思想是在长期的自我独立思索和与他人交游辩难的过程中，历经多次坎坷和转折，才最后确立与成熟的。学界一般认为他四十岁建立的"中和新说"代表了他成熟的思想。虽然朱子此后三十年的思想也有许多细微的变化，但其宏纲大旨则奠立于"中和新说"。如果我们以此为分界，将此前称为朱子思想的"早期"，那么我们发现从朱子十余岁开始就学后的二十余年间，他思想至少有如下数度转变：最早受其父韦斋的影响，追求儒家色彩的"自得"之学；从学武夷三先生及其后数年间，沉迷于佛道二教；被李延平批评之后心服而师事之，归宗儒门，接续了道南一脉；延平去世后，又因终不契其旨，便独自摸索，有"丙戌之悟"，确立"中和旧说"；湖南之行后，不满湖湘学风，又自我反思，于是有"己丑之悟"，确立"中和新说"。那么朱子思想是如何在这个过程中层

_____

　　① 钱穆：《朱子学提纲》，《朱子新学案》第一册，九州出版社，2011年，第1-2页。

层转出，最终发展成熟的呢？这正是本书想要探讨的问题。只有对朱子早期思想有所把握，我们才能够对后来朱子成熟思想的要义有更真切的理解。

本书共分为四章，每章内容如下：

第一章介绍朱子少年时期的从学经历，以"自得"为线索，探讨其思想变化发展的原因。内容包括家学时期、从学武夷三先生时期以及师从延平时期。其中重点分析了朱子拜访延平之后心理和思想的转变历程，这是决定他人生的第一个关键时期。从此之后，他才正式承接上洛学。

第二章介绍"中和旧说"的形成与内容。这一时期最重要的两件事是李延平逝世与初识张南轩，朱子逐渐由道南学转入湖湘学，并在此过程中经历"丙戌之悟"，暂时确立了"中和旧说"的观点。

第三章介绍在"中和旧说"确立之后，朱子远赴湖湘的过程和思想变化。正是在这一趟旅程中，他认识到了自己与湖湘学派相似的"中和旧说"存在着严重的理论困难，这正是他后来提出"中和新说"的重要思想背景。

第四章介绍"中和新说"义理发展的脉络。湖湘之行后，朱子重新回到二程的学说，并经历"己丑之悟"而推翻"中和旧说"，确立了"中和新说"的观点。这一观点在与张南轩等人的讨论中层层转进，逐步完善，最终成为他成熟时期理论体系的重要基石。

从后来看，朱子早年思想的多次转折，固然使他经历了较长时间的思想困扰期；但这些转折并非无用功，恰恰相反，每一次转折都在他的思想轨迹中留下了不可抹去的印记，并成为他思想通向成熟的一个个阶梯。并且在这一过程中，他得以广泛接触到当时思想界流行的各种学说，拥有了一种含容的心态和广博的视野，于是在根本立定之后，才能广泛吸收诸家思想精华，成为宋代理学的集大成者。就此而言，对这一时期进行研究，也有其重要的意义。

尽管学界对于朱子这一时期的研究著作已经汗牛充栋，以至于后来者在大纲领、大论断上很难再有什么突破，但通过细致的考察可以发现，在某些历史发生与思想发展的角落里，仍留存不少可以探讨的新问题。因此，本书的内容并非完全因循守旧，而是力图在这些细节之处提出新的看法。当然，以笔者当前的学力与见识，这些看法必定不够成熟，故祈请方家宽宥之余，亦能不吝赐教。在本书的写作安排上，吴瑞获负责全书统筹以及正文第二、四章的撰写，洪明超负责第一、三章以及附录的撰写。

目　录

第一章　出入佛老到归宗儒门

本章简要介绍朱子早年的生平经历，包括家学时期、从学武夷三先生时期以及师从李延平时期。这些早年的经历塑造了他的学术性格，奠定了他思想发展的基础。而在其中，我们可以发现他一生一以贯之的对"自得"的渴望与追寻，这也是他后来思想转变发展的内在动力。

第一节　韦斋之教与"为己之学"

朱子生于南宋建炎四年（1130），年十四时即丧父，因此他接受家学熏陶的时间并不长。但就是这段短暂的家学时光，奠定了他求道的志向以及基本的学术性格。其父朱松，字乔年，号韦斋，曾经从学于杨时弟子罗从彦，跟朱子后来的老师李侗是同学，因此同属于伊洛后学。《朱子行状》记载："自韦斋先生得中原文献之传，闻河洛之学，推明圣贤遗意，日诵《大学》《中庸》之书，以用力于致知诚意之地。先生早岁已知其说，而心好之。"① 朱松自己在学问上努力奋进，这也影响到了年幼的朱子，使其早岁便"心好之"。在父亲的期许、栽培以及潜移默化下，朱子对儒家的经典自然地产生了爱好。他五岁时始诵《孝经》即写下"若不如此，便不成人"②，可见他对儒家的人伦观点已经有了懵懂的信服。朱子曾自述：

> 孔子曰："仁远乎哉？我欲仁，斯仁至矣。"这个全要人自去做。孟子所谓奕秋，只是争这些子，一个进前要做，一个不把当

---

① 黄榦：《朝奉大夫文华阁侍制赠宝谟阁直学士通议大夫谥文朱先生行状》，引自王懋竑：《朱熹年谱》，中华书局，1998 年，第 516 页。

② 束景南：《朱熹年谱长编》，华东师范大学出版社，2014 年，第 31 页。

事。某八九岁时读孟子到此，未尝不慨然奋发，以为为学须如此做工夫！当初便有这个意思如此，只是未知得那棋是如何着，是如何做工夫。自后更不肯休，一向要去做工夫。①

某十数岁时读孟子言"圣人与我同类者"，喜不可言！以为圣人亦易做。今方觉得难。②

某自十四五岁时，便觉得这物事是好底物事，心便爱了。③

他早年就以《论语》《孟子》等经典为基础进行学习，在此过程中产生了"心好之"的情感。这种喜爱，很大程度是这些经典许诺给他"成圣"的可能，虽然他那时未必真能领会圣人之道，却立下了"成圣"的志向，并且愿意为此志向而努力，乃至"不肯休，一向要去做工夫"。他少年时的这一志向也许是他的性格使然，也许是韦斋的影响所致，但无论如何，他的心灵中已经种下了这颗种子，日后必然会萌发出来，生长壮大。事实上，"修身成圣"确实成了朱子一生做学问的动力与目标，他或许对如何做工夫有过数十年的怀疑与摸索，但是这个方向已稳固不移。

如果说这种"心好之"还是比较模糊的喜爱或向往，那么当朱子将其概括为"为己之学"时，他的信念就已经是清晰而明确的了。他曾对人说：

熹天资鲁钝，自幼记问言语不能及人。以先君子之余诲，颇知有意于为己之学……④

熹自少愚钝，事事不能及人。顾尝侧闻先生君子之余教，粗知有志于学……⑤

朱子向友朋介绍自己的学习经历与志向，谦称自己天资鲁钝而不能及人，但我们似乎看不到少年朱子"不及人"之处。无论是他五六岁时对《孝经》发出的感慨，还是"天何所附"的追问，或是沙上画卦的行为，

---

① 黎靖德：《朱子语类》，中华书局，1985 年，第 2921 页。
② 黎靖德：《朱子语类》，中华书局，1985 年，第 2611 页。
③ 黎靖德：《朱子语类》，中华书局，1985 年，第 2620 页。
④ 朱熹：《答江元适》，《朱熹集》，四川教育出版社，1997 年，第 1727 页。
⑤ 朱熹：《答薛士龙》，《朱熹集》，四川教育出版社，1997 年，第 1722 页。基本相同的表达还可见于《答何叔京》《与留丞相书》等书，参见《朱熹集》，四川教育出版社，1997 年，第 1839、1249 页。

我们都能看出幼时的他已经迥出常儿。他十来岁被人赞许"共叹韦斋老，有子笔扛鼎"①，十五岁写下成熟有见的《不自弃文》②，十九岁殿试中举赐同进士出身，他表现出的乃是一个聪颖而年少有为的形象。

除了这种自谦之外，他在此更强调的是在韦斋影响下，自己对"为己之学"产生的向往。"为己之学"源自《论语》的"古之学者为己，今之学者为人"（《论语·宪问》），朱子早年便从韦斋受二程的《论语》学说③，必然对二程的相关说法耳熟能详，程子说："为己，欲得之于己也。为人，欲见知于人也。"④ 可见"为己"并非指一般意义上的为了自己，否则为了自己的私利也是"为己"。程子把"为己"解释成了"得之于己"，这表明了学习的目的是自我完善，是要求自己对道有真切的体会，而非为了向他人炫耀以博取名利。而要做到"自得"，也要求将所学习的道理与自己的生活融而为一，与自己的生命相契合，而非仅仅作为与己无关的认识对象。这种对"自得"的孜孜渴求，也正是朱子从对成圣之学"心好之"自然发展而来的。而到了他思想成熟之后，他也依然认为"为己之学"的教导是最切近的，"圣贤论学者用心得失之际，其说多矣，然未有如此言之切而要者"⑤。我们会发现，对这种"为己之学"或者"自得"的追求，正是他早年学习思考，乃至后来出入佛老、受学延平的一个深层的动因。

第二节　师从武夷三先生与学禅经历

朱子年十四时其父韦斋去世，临终前他嘱咐朱子向亦有洛学渊源的胡宪、刘勉之、刘子翚三人学习，后来朱子又曾向道谦学禅，这些经历构成了他早年思想的背景。

---

① 王懋竑：《朱熹年谱》，中华书局，1998 年，第 8 页。
② 束景南：《朱熹年谱长编》，华东师范大学出版社，2014 年，第 86–87 页。
③ 朱子《论语要义目录序》："河南二程先生独得孟子以来不传之学于遗经，其所以教人者，亦必以是为务。然其所以言之者，则异乎人之言之矣。熹年十三四时，受其说于先君，未通大义而先君弃诸孤。"参见《朱熹集》，四川教育出版社，1997 年，第 3924 页。
④ 朱熹：《四书章句集注》，中华书局，2012 年，第 155 页。
⑤ 朱熹：《四书章句集注》，中华书局，2012 年，第 155 页。

一、师从武夷三先生

在师事三先生时，朱子经历了一段"甚辛苦"的学习历程：

> 某是自十六七时下工夫读书，彼时四旁皆无津涯，只自恁地硬着力去做。至今日虽不足道，但当时也是吃了多少辛苦，读了书。①

> 某旧时用心甚苦。思量这道理，如过危木桥子，相去只在毫发之间，才失脚，便跌落下去！用心极苦。②

"辛苦"之感来自朱子勤奋与刻苦，而驱使他的动力，除了父亲去世后母子二人过着寄人篱下的生活迫使他需要尽快学成科举中第以立身之外，更多是来自其自己对"为己之学"与"自得"的渴求，这是一种来自内心的向往所带来的动力，而不是外来的驱使。

科举重文辞的要求与其勤学的态度相结合，养成了朱子注重章句与博学的学风，他说：

> 某年十七八时，读《中庸》《大学》，每早起须诵十遍。今《大学》可且熟读。③

> 某旧时亦要无所不学，禅、道、文章、楚辞、诗、兵法，事事要学，出入时无数文字，事事有两册。④

> 某自二十时看道理，便要看那里面。尝看上蔡论语，其初将红笔抹出，后又用青笔抹出，又用黄笔抹出，三四番后，又用墨笔抹出，是要寻那精底。看道理，须是渐渐向里寻到那精英处，方是。⑤

这种学风，其实一直贯穿着朱子一生。他无所不学，又好学深思。但是这种学习方式，在某种程度上反而成为他求索"自得"的一种阻碍。因为"自得"的关键不在于见闻之多，而在于此心之相契。但朱子或许错会

---

① 黎靖德：《朱子语类》，中华书局，1985 年，第 2612 页。
② 黎靖德：《朱子语类》，中华书局，1985 年，第 2621 页。
③ 黎靖德：《朱子语类》，中华书局，1985 年，第 319 页。
④ 黎靖德：《朱子语类》，中华书局，1985 年，第 2620 页。
⑤ 黎靖德：《朱子语类》，中华书局，1985 年，第 2887 页。

了他的博学的方式与求"自得"之目标的关系，于是很可能在博学处下手而无所得，便以为是博学不够，便仍在博学处用力，造成恶性循环。于是我们能够看到朱子常常说他少时读书"甚辛苦"，这种"辛苦"，绝不仅仅指身体的疲惫，更多指此心之难安。

武夷三先生中，刘勉之在朱子二十岁时去世，胡宪在其三十三岁时去世，两人一个是朱子之岳丈，一个是朱子事之最久之师，但是若论影响最大，则是在朱子十八岁就去世的刘子翚，因此本节主要讨论刘子翚与朱子的交往。一开始刘子翚主要以科举之学教授朱子，朱子说："熹蚤以童子获侍左右，先生始亦但以举子见期。"① 对于朱子此时携家寄人篱下的情景，在仕途上使他能够建立自己独立的事业，才是刘子翚所关心的。然而，朱子"厉志圣贤之学，于举子业初不经意"②，因此他发现刘子翚所教的东西与平时其自己的行为并不相应，这引起了他的疑惑：

> 熹窃窥观，见其自为与所以教人者若不相似，暇日僭有请焉。先生欣然嘉其有志，始为开示为学门户，朝夕诲诱，亹亹不倦。③

刘子翚发现了朱子对义理之学的兴趣和志向，自然愉快地向他传授，而不再仅以举子来看待他。当他生病时，便对朱子"教诏益详，期许益重，至为具道平生问学次第，倾倒亡余"④。他把毕生所学都传给朱子，已经视朱子为他精神的传人了。

韦斋本亦好佛⑤，朱子在家学时期虽然以儒学经典教育为主，但亦当有所耳闻。而到了从学三先生的时期，他则有了更多机会接触佛学。三先生本来就留心佛老之学，特别是刘子翚还与僧人有过交往，朱子自然也受他的影响。

> 某年十五六时，亦尝留心于此。一日在病翁所会一僧，与之

---

① 朱熹：《跋家藏刘病翁遗帖》，《朱熹集》，四川教育出版社，1997 年，第 4340 页。
② 黄榦：《朝奉大夫文华阁侍制赠宝谟阁直学士通议大夫谥文朱先生行状》，引自王懋竑：《朱熹年谱》，中华书局，1998 年，第 490 页。
③ 朱熹：《跋家藏刘病翁遗帖》，《朱熹集》，四川教育出版社，1997 年，其 4340 页。
④ 朱熹：《跋家藏刘病翁遗帖》，《朱熹集》，四川教育出版社，1997 年，第 4340 页。
⑤ 参见束景南：《朱子大传："性"的救赎之路》（增订版），复旦大学出版社，2016 年，第 42—43 页。

语。其僧只相应和了说，也不说是不是；却与刘说，某也理会得
个昭昭灵灵底禅。刘后说与某，某遂疑此僧更有要妙处在，遂去
扣问他，见他说得也然好。及去赴试时，便用他意思去胡说。是
时文字不似而今细密，由人粗说，试官为某说动了，遂得举。①

束景南以此僧为大慧宗杲的弟子道谦。② 朱子在刘子翚处认识了道谦，
也为后来师从道谦埋下了伏笔。对于他考试用禅学"胡说"而中举，确实
有些不可思议，丁为祥指出："作为科举考试的过来人，朱子的这一回忆
无疑带有一定的调侃成分，所以科举考试似乎也就仅仅由他用禅的意思去
'胡说'一通便可轻易得到……实际上，且不说朱子自幼对《学》《庸》
《论》《孟》的精品熟玩，仅从考官的试后感慨来看，朱子当时也主要是以
儒家的经世关怀考取功名的。至于禅，极有可能只是一种用语上的点缀，
或者说主要是为了表现一种所谓'开悟'状态，以显现其'昭昭灵灵'的
气象，这可能也就是朱子所谓的'胡说'了。"③ 朱子在刘子翚处数年所
学，主要还是针对科举应试的，他也不可能听了道谦一番话就全用其意去
作答，他此时急切需要摆脱寄人篱下以成家立业，所以他绝不可能如回忆
中所表现的轻松的游世态度去考试。

因此，朱子对刘子翚之学最深的印象便是儒佛合一。他曾回忆说：

> 屏山少年能为举业，官莆田，接塔下一僧，能入定数日。后
> 乃见了老，归家读儒书，以为与佛合，故作《圣传论》。④
>
> 曰："如他谓'轲之死，不得其传'……屏山以为'孤圣道，
> 绝后学'，如何？"先生笑曰："屏山只要说释子道流皆得其传
> 耳。"又问："如《十论》之作，于夫子全以死生为言，似以此为
> 大事了。"久之，乃曰："他本是释学，但只是翻誊出来，说许多
> 话耳。"⑤

---

① 黎靖德：《朱子语类》，中华书局，1985 年，第 2620 页。
② 参见束景南：《朱子大传："性"的救赎之路》（增订版），复旦大学出版社，2016 年，第
67-68 页。
③ 丁为祥：《学术性格与思想谱系——朱子的哲学视野及其历史影响的发生学考察》，人民
出版社，2012 年，第 40 页。
④ 黎靖德：《朱子语类》，中华书局，1985 年，第 2619 页。
⑤ 黎靖德：《朱子语类》，中华书局，1985 年，第 2476 页。

第一条中，朱子说刘子翚认为儒佛相合，于是才作《圣传论》。而在第二条中，针对刘子翚在《圣传论》中批评韩愈道统说会"孤圣道，绝后学"，朱子认为他不过意在暗指佛老亦得圣人之传罢了。然而今读《圣传论》十篇，分别谈尧舜、禹、汤、文王、周公、孔子、颜子、曾子、子思和孟子，并未涉及佛老，也未提出佛老继承或合于儒家的道统。而朱子却断言刘子翚"本是释学"，这只能说刘子翚平时已经充分地表露了那些观点，只是没有形诸《圣传论》之文字罢了，因此朱子才会做这种断言。这也表明，朱子早年受学于他时，就已经受到了其带有禅学色彩的思想的影响。这种影响，正是朱子后来更深地出入佛老的基础。

前文已论，朱子早年心中怀着的乃是"为己之学"的志向，但他感到"甚辛苦"，亦未能找到真正的下手处，虽然得到了刘子翚的教导，但自己所学习之义理，一直未能契合自己的内心，一直无法切身体会到"自得"。他早年大量广泛地学习和阅读，这种经历让他至少在头脑中就记取了太多的道理。而"自得"乃是要求让已知的道理与自身相契合，而如果记取的道理过多过杂，那么要让它们有序而不相矛盾尚非易事，契合则更加困难。当朱子不能"自得"时，他又更多地向外探求，更努力地学习各种知识，而更多的知识对他来说或许只能加重他追求"自得"的负担，正如上文所说是一种恶性循环。因此，对于已经记取了过多的知识的朱子来说，内心定然是十分困惑的，不但困惑于不能"自得"，也困惑于所知的众多的道理与知识之间的散乱无序甚至冲突矛盾。他必须找到一种方式，将其较好地在内心有条理地统摄起来，这就需要一种更完全、更深刻的领悟。我们可以假设，如果朱子未能得到这样的领悟，那么他的学问只能是支离破碎的，他只能成为一个博学的学者，而无法成为后来理学的集大成者。但是，如果他能够获得这样的领悟，便能够统合他心中原有的杂多的知识并体系化，达到"一贯"，并且能够与内心相契合，达到"自得"。

他在三先生处虽然学有所进，并受到了禅学的影响，但他并未解决自己内心的困惑。"在三君子门下，却并没有得到关于'为己之学'之更为深入的认识。"[①] 但是，刘子翚却自觉不自觉地把他引向了另一条路。朱子

---

① 丁为祥：《学术性格与思想谱系——朱子的哲学视野及其历史影响的发生学考察》，人民出版社，2012 年，第 41 页。

在《屏山先生刘公墓表》中记载：

> 熹时以童子侍疾，一日，请问先生平昔入道次第。先生欣然
> 告之曰："吾少未闻道，官莆田时，以疾病始接佛老子之徒，闻
> 其所谓清净寂灭者而心悦之，以为道在是矣。比归，读吾书而有
> 契焉，然后知吾道之大，其体用之全乃如此。抑吾于《易》得入
> 德之门焉，所谓不远复者，则吾之三字符也。佩服周旋，罔敢失
> 坠。于是尝作《复斋铭》《圣传论》，以见吾志。然吾忘吾言久
> 矣，今乃相为言之，汝勉哉。"①

刘子翚去世前向朱子传授了平生学问的核心，他叙述了自己学习的经
历，乃是由接触佛老而好之，再反求儒学而得道的过程。他最后肯定了
"吾道之大，其体用之全乃如此"，回归到儒家立场。但是对于年轻而充满
困惑的朱子来说，这种叙述在客观上却暗示了另一个方向——佛学。刘子
翚是从接触佛学而后渐闻道再回归儒家立场的，虽然归本儒家，但是他实
际肯定了佛学对他"闻道"的积极作用。对于焦虑的朱子来说，佛学似乎
成为一把解开他内心困惑的钥匙，加上平日里刘子翚儒佛合一的论调以及与
僧人交游的经历，加深了他去探求追寻的意图。因此，刘子翚去世后，朱
子也考取了进士，在举业不再成为负担之后，他便能够自由地学习，此时
内心的困惑便使他转入了佛老之学。三先生中，刘子翚主"默照禅"，刘
勉之和胡宪则好宗杲、道谦之"看话禅"，他们进路虽然不同，但皆与道
谦有所往来，后来朱子也成为道谦的弟子。

前面曾说，朱子在三先生处未能加深对"为己之学"的认识，其自述
中对这一阶段的种种省略都印证了这一情况：

> 以先君子之余诲，颇知有意于为己之学，而未得其处，盖出
> 入于释老者十余年。②
> 顾尝侧闻先生君子之余教，粗知有志于学，而求之不得其
> 术，盖舍近求远，处下窥高，驰心空妙之域者二十余年。③

---

① 朱熹：《屏山先生刘公墓表》，《朱熹集》，四川教育出版社，1997年，第4587-4588页。
② 朱熹：《答江元适》，《朱熹集》，四川教育出版社，1997年，第1727页。
③ 朱熹：《答薛士龙》，《朱熹集》，四川教育出版社，1997年，第1722页。

独幸稍知有意于古人为己之学，而求之不得其要。①

他反复强调由韦斋处知"为己之学"，而"未得其处""不得其术"
"不得其要"，尔后便是出入佛老，实际上他把从事三先生的经历在他的进
学之历程中给淡化了，把这段经历划入了"出入佛老"的历程中。可见他
认为这段经历是他由家学到学习佛老的过渡期，而他之出入佛老，固然有
受到三先生的影响，但其根本原因则在于自己"为己之学"的困惑，因此
他这里虽然在语气上把"未得"归咎于自己错误地沉溺于佛老，但是也表
现了他出入佛老是抱着解决这一困惑的意图而来的。然而朱子后来说：

> 熹自十四五时，即尝有志于此。中间非不用力，而所见终未
> 端的。其言虽或误中，要是想像臆度。所幸内无空寂之诱，外无
> 功利之贪，全此纯愚，以至今日，反复旧闻而有得焉，乃知明道
> 先生所谓'天理二字，却是自家帖体出来'者真不妄也。②

这同样表明了他向着自己的志向而努力却依然困惑的经历。其中所谓
"外无功利之贪"，乃是指他不经意于举子之业；但朱子明明出入佛老多
年，为何说"内无空寂之诱"呢？陈来先生在论韩愈、柳宗元、王阳明等
儒者对佛老的态度时，指出："这些儒者与僧人的交往并不以放弃儒家的
生活态度和宇宙观为条件，他们对佛教本无（空）的形上学并不感兴趣，
正如阳明所说，佛教所吸引他们的，乃是那种'无滞碍'的精神境界
……"③ 又说："吸引阳明的不是佛教或道家（教）讲的宗极本体的
'无'，而是精神—心理境界的'无'。在阳明看来，吸收境界的'无'并
不需要放弃儒家固有的'有'的立场，即承认世界的实在、价值的实有，
它不仅使人的精神发展更为完满，而且使人能更好地履行其社会、道德义
务。"④ 从这种分析的角度来看，朱子从小的儒学教育背景，让儒家思想先
行成为他的价值观基础，他对于佛老的爱好，便只在于精神境界领域。或
者说，他只是将这种精神境界视为解决"为己之学"之困惑的途径，而没

---

① 朱熹：《答何叔京》，《朱熹集》，四川教育出版社，1997年，第1839页。
② 朱熹：《答陈正己》，《朱熹集》，四川教育出版社，1997年，第2716页。
③ 陈来：《有无之境——王阳明哲学的精神》，生活·读书·新知三联书店，2009年，第
268页。
④ 陈来：《有无之境——王阳明哲学的精神》，生活·读书·新知三联书店，2009年，第253页。

有选择信服佛老的整个空寂的世界观。而刘子翚个人也是如此,虽然也出入佛老,倡儒佛合的论调,但并不妨碍他自认为归本儒家。所以对此时的朱子来说,佛老与儒学本身也不是水火不容,不能以他之出入佛老而认为此时背离了儒家。这样我们才能明白他自己说"内无空寂之诱"的原因。

二、学禅经历

上文已经论及,朱子从学三先生时已经开始接触佛老,并将其视为解开自己"为己之学"困惑的一把钥匙,但他在刘子翚去世以及自己中进士后,才开始真正深入地学禅。此时他跟随道谦学禅,我们从他这一时期的诗作就可以看出其思想旨趣。他把自己二十二岁至二十六岁的诗编集为《牧斋净稿》,诗中反映了大量的学佛道的思想。① 钱穆先生特别摘出其中涉及学习佛道的诗进行分析,指出他之沉迷佛道,驰心空妙之域的情调。他还发现朱子二十四岁见延平,尔后诗的数量锐减,到后来的文集第二卷时诗风则与第一卷大异②,可见他见了延平后开始渐渐回到了儒家的轨道上。

朱子此时之诗作可摘引如下:

> 闲来生道心,妄遣慕真境。稽首仰高灵,尘缘誓当屏。③
>
> 端居独无事,聊披释氏书。暂释尘累牵,超然与道俱。门掩竹林幽,禽鸣山雨余。了此无为法,身心同晏如。④
>
> 岩居秉贞操,所慕在玄虚。清夜眠斋宇,终朝观道书。形忘气自冲,性达理不余。于道虽未庶,已超名迹拘。⑤
>
> 归当息华念,超遥悟无生。⑥
>
> 抗志绝尘氛,何不栖空山。⑦

---

① 束景南考证从《牧斋净稿》可见朱子此时师从道谦之事。参见束景南《朱熹年谱长编》,华东师范大学出版社,2014年,第101—106、147—148页。
② 钱穆:《朱子新学案》(第三册),九州出版社,2011年,第5—20页。
③ 朱熹:《宿武夷观妙堂二首》,《朱熹集》,四川教育出版社,1997年,第16页。
④ 朱熹:《久雨斋居诵经》,《朱熹集》,四川教育出版社,1997年,第17页。
⑤ 朱熹:《读道书作六首》,《朱熹集》,四川教育出版社,1997年,第23页。
⑥ 朱熹:《秋雨》,《朱熹集》,四川教育出版社,1997年,第25页。
⑦ 朱熹:《月夜述怀》,《朱熹集》,四川教育出版社,1997年,第27页。

类似的诗作甚多，可见此时朱子沉迷佛道，表现出了对其方外的生活方式与精神境界强烈的向往之情（至于二十六岁时仍然有类似的诗）。但是朱子心中"为己之学"与"自得"的追求一直保持着，这从他同时段（二十四岁到二十六岁期间）的文字中可见：

> 余为是斋而居之三年矣，饥寒危迫之虑，未尝一日弛于其心。非有道路行李之劳，疾病之忧，则无一日不取《六经》百氏之书以诵之于兹也。……况古人之学，所以渐涵而持养之者，固未尝得施诸其心而错诸其躬也。如此则凡所为早夜孜孜以冀事业之成而诏道德之进者，亦可谓妄矣。然古之君子一箪食瓢饮而处之泰然，未尝有戚戚乎其心而汲汲乎其言者。彼其穷于当世，有甚于余矣。而有以自得于己者如此，必其所以用心者或异于予矣。孔子曰"贫而乐"，又曰"古之学者为己"。其然也，岂以饥寒者动其志，岂以挟策读书者而谓之学哉？予方务此以自达于圣人也……①

这篇文字作于他二十四岁时②，是他对自己三年来学习上的一个总结。他说自己"未尝一日弛于其心"，并且"无一日不取《六经》百氏之书以诵之"，虽然如此努力而广泛地学习，结果却仍然不尽如人意，依然"未尝得施诸其心而错诸其躬"。所谓"得施诸其心而错诸其躬"，正是一种"自得"，不但此心契合所学之义理，并且能够坦然实践出来。他钦佩古人"有以自得于己"，认为其有如此之效验，必是"用心"不同。最后他依然用"为己之学"来勉励自己。从这一总结可知，朱子此时出入佛老、广泛求学，虽然有时会沉浸在佛老玄远的境界中③，但并未能解决他心中一直潜藏的"为己之学"的困惑，因而他自己不能感受到真正的"自得"。

他二十五岁时在同安县学讲学，有《同安县谕学者》云："夫学者所以为己，而士者或患贫贱，势不得学，与无所于学而已。势得学，又不为

---

① 朱熹：《牧斋记》，《朱熹集》，四川教育出版社，1997年，第4021-4022页。
② 参见束景南：《朱熹年谱长编》，华东师范大学出版社，2014年，第162页。
③ 可参见朱子《牧斋净稿》之诗。这段时间的朱子诗中还反映出一种强烈的出世意向，他在世俗工作与生活中感到烦闷，加上对佛老的学习，都加重了这种意向。

无所于学，而犹不勉，是亦未尝有志于学而已矣。"① 他又为诸生讲《论语》，并作《论语课会说》云："诸君第因先儒之说以逆圣人之所志，孜孜焉夤夜以精思，退而考诸日用，必将有以自得之而以幸教熹也。"② 后又有与人论学书云："夫学期以自得之而已。"③ "然尝闻之，学之道非汲汲乎辞也，必其心有以自得之，则其见乎辞者非得已也。"④ 由此可见，在此时期，朱子虽然一方面沉迷于佛老，但另一方面，仍然以"自得"和"为己之学"为学习和思考的重心。正如丁为祥指出："'为己之学'始终是其进行自我评价的一个基本标准。"⑤ 他在教学和与人论学中，也处处强调了"自得"的重要性。

至此我们可以总结道：朱子早年在韦斋家教中形成了"成圣"的志向，并确立了"为己之学"和"自得"的追求。但从学三先生时的博学并未能实现其这一追求并解决其内心的困扰，于是他转向佛老。但实际上佛老之学也仍然未能解决这一问题，他仍然怀着隐隐的困惑与不安，这势必使他酝酿着再一次转变，其契机便在于稍后与延平李侗的会面。

第三节　初见延平与杜鹃夜悟

与延平李侗见面，是朱子在思维方式上转向儒学的一个开端；而在泉州的"杜鹃夜悟"，则标志着他的这一转向的完成。由此，朱子确定了坚定的儒家价值立场和思维方式，同时也从杂于佛老转向批判佛老。

一、初见延平

在朱子二十四岁时，赴任同安县，途中经过南剑，顺路拜见李延平。⑥ 朱子早先已经在韦斋的带领下见过他，这次乃是因为他是父执的关系而拜

---

① 朱熹：《同安县谕学者》，《朱熹集》，四川教育出版社，1997 年，第 3869 页。
② 朱熹：《论语课会说》，《朱熹集》，四川教育出版社，1997 年，第 3891 页。
③ 朱熹：《答戴迈》，《朱熹集》，四川教育出版社，1997 年，第 1754 页。
④ 朱熹：《答林峦》，《朱熹集》，四川教育出版社，1997 年，第 1754 页。
⑤ 丁为祥：《学术性格与思想谱系——朱子的哲学视野及其历史影响的发生学考察》，人民出版社，2012 年，第 46 页。
⑥ 参见束景南：《朱熹年谱长编》，华东师范大学出版社，2014 年，第 162 页。

见。由于此时他沉浸于佛老，遂以其学与延平讨论，但是遭到了延平的强烈反对。《朱子语类》中记载了他的回忆：

> 某旧见李先生时，说得无限道理，也曾去学禅。李先生云："汝恁地悬空理会得许多，而面前事却又理会不得！道亦无玄妙，只在日用间着实做工夫处理会，便自见得。"后来方晓得他说，故今日不至无理会耳。①

> 后赴同安任，时年二十四五矣，始见李先生。与他说，李先生只说不是。某却倒疑李先生理会此未得，再三质问。李先生为人简重，却是不甚会说，只教看圣贤言语。某遂将那禅来权倚阁起。②

> 某少时未有知，亦曾学禅，只李先生极言其不是。③

在这一次见面中，朱子"说得无限道理"，具体情况正如赵师夏在《跋延平答问》中记载：

> 文公先生尝谓师夏曰："余之始学，亦务为儱侗宏阔之言，好同而恶异，喜大而耻于小，于延平之言，则以为何为多事若是，心疑而不服。同安官余，反复思之，始知其不我欺矣。"盖延平之言曰："吾儒之学，所以异于异端者，理一分殊也。理不患其不一，所难者分殊耳。"此其要也。④

可见，朱子在第一次见延平时，由于受到佛老的影响，好为宏大笼统之言，也可以说好在"理一"的层面上立言，延平当即对他进行了强烈的批评，指出他只是悬空理会道理，而面前事却不能理会，真正的道其实不离日用，应当就日用处下功夫。朱子当下"心疑而不服"，他先前在佛学中若有所得，自然当下产生这种本能的抵触心理，甚至怀疑是延平不懂得高深的道理。所谓"以为何为多事若是"的"多事"，正是延平所论的在面前之事与日用处下功夫，正是"理不患其不一，所难者分殊耳"的"分

---

① 黎靖德：《朱子语类》，中华书局，1985年，第2568页。
② 黎靖德：《朱子语类》，中华书局，1985年，第2620页。
③ 黎靖德：《朱子语类》，中华书局，1985年，第2620页。
④ 王懋竑：《朱熹年谱》，中华书局，1998年，第15页。

殊"。朱子第一次听到延平主张要重视分殊，便怀疑这是"多事"而感到琐碎，不如他"无限道理"来得玄远宏阔。而延平不善于辩论，因此未能当即说服朱子，只劝勉朱子重新看儒家经典。

这一次见面，对朱子的影响有两方面。第一方面，他并不"心服"延平，因此并没有当下就怀疑和否定自己以往所学，故而我们在《牧斋净稿》中见到直到二十六岁朱子都尚有沉迷佛道的诗作。正如前面所说，朱子此时思想处于一种"好同而恶异，喜大而耻于小"的状态中，这种思想其实在从学刘子翚时就应受到其影响了。刘子翚在《圣传论》中曾说：

> 夫道一而已，尧舜之心，不间乎此。……昧乎一则莫知元本，滞乎一则入于虚妙……性外无物，安得有二？一者道也，能一者心也，心与道应，尧舜所以圣也。①

这种对"一"的强调，或许正是他"好同而恶异"的一个来源，而后来朱子批评刘子翚作《圣传论》意在表明佛老也继承了圣人之道，这归结到底也是因为刘子翚有"儒佛同"的论调。这种"儒佛同"的思想在早年朱子心中其实正是实际存在的，甚至我们可以说，朱子不仅仅持有"儒佛同"的论调，而且所有的学问都能"同"。前文曾指出，朱子早年刻苦而广泛地学习杂多的知识和义理，这一直让他感受不到"自得"，而这种"同"的思想方法，则能够让他暂时摆脱心中知识和义理的杂乱与冲突，这是一种超越的方式，用超越的"同一"去统摄杂乱的"繁多"。这种思维方式和佛老处世的态度与修养方法也是一致的。在同安县任官时，朱子大量的诗都表现出了对世俗烦乱生活的厌恶，而向往佛老的玄远清虚的无纷扰的精神境界。通过超越世俗的纷扰而归向虚静，这种生活态度与朱子此时思维知识与义理的方式正相符。他正是通过这样一种思想方法，自认为"自得"，而暂时摆脱了前期心中的困惑。下文分析延平的批评时再详论。总之，他第一次见延平，并没有马上扭转自己的思想。

另一方面，延平的否定对他来说也是一次极大的心理上的撼动。正如

---

① 刘子翚：《屏山集》，引自杨国学校注《屏山集校注与研究》，中国书籍出版社，2012年，第1页。

丁为祥先生指出： "对当时的朱子来说，这简直就是一个毁灭性的打击……无论是李延平的学养还是其在学界的声望，抑或是朱子本人的自信程度，都不容许他轻忽来自延平的批评。自然，这也就出现了一个佛禅与儒学之反复对比、反复权衡与反复掂量的过程。"① 延平对朱子的批评，针对的正是朱子之好同恶异。"汝恁地悬空理会得许多，而面前事却又理会不得"，这表面上看似是批评朱子的进路不能处理具体的事物，但是如果联系到伊川的说法，即"今之学禅者，平居高谈性命之际，至于世事，往往真有都不晓者，此只是实无所得也"②，便可见他们认为禅学绝非仅仅是未能处事，而是根本"实无所得"。"无所得"所对应的正是"自得"，也即他们认为佛老的整个进路都是错误的。朱子一直以"自得"为追求，并且数年来孜孜于此，而延平一下就"极言其不是"，完全否定了他的进路，也否定了这种进路中"自得"的可能，这必然会给当时的朱子造成沉重的打击。这种完全的否定，使方才似乎找到"自得"路径的朱子又陷入困惑之中。事实证明，朱子当时这种似乎的"自得"并不真切，因此他在受到延平的批评后虽然当下心未服，但随后并没有过多抵制，反而接受了延平劝他读圣贤书的建议。而从他后来说的"某自见于此道未有所得，乃见延平"来看，他出入佛老确实没让他获得内心真正的"自得"。③ 但是这种认识并非一蹴而就，他是在拜见延平之后的好几年间，慢慢通过自己摸索才最终回到延平的门下。这一切可以说都是发端于这次延平的"极言其不是"，而其背后的动力，则是他自己对"自得"的追求。

正如上文所说，朱子此时只是用一种超越的方式去把握一个"同"或

---

① 丁为祥：《学术性格与思想谱系——朱子的哲学视野及其历史影响的发生学考察》，人民出版社，2012 年，第 48 页。

② 程颢、程颐：《二程集》，中华书局，2004 年，第 196 页。

③ 束景南认为"某自见于此道未有所得，乃见延平"的说法不确，他说："盖朱熹其时自以为学佛禅有得，乃见延平，大谈佛禅，说无限道理，非是因于佛禅无所得乃往见李侗。"（参见束景南《朱熹年谱长编》，华东师范大学出版社，2014 年，第 164 页）但首先，朱子此时确实是因自以为"有得"而见延平说无限道理，不过遭到了延平的否定而后心生动摇，最后始知其非而拜延平为师，可见此时的"有得"，并非"真得"，否则不可能在受到否定后就转变立场。其次，朱子的自述未必严格指第一次"相见"，而可能是指他受到延平的批评后，数年间思索而渐悟其非，尔后从学延平的"相见"。"于此道未有所得"，其实概括了他出入佛老以及受到延平批评后的一整段时期，因为他沉迷佛老的"得"非"真得"，因此在后来的叙述中概括而言"未有所得"。"乃见延平"，则是指他后来的正式拜师。因此，朱子这段自述并无问题。

"一"，以此来克服杂乱的知识与义理的纷扰冲突而导致的不能"自得"。通过这种超越的方式，他可以摆脱摈除具体的知识所产生的内心的纷扰而"自得"，但是这种"同""一"，只是一种抽象的概念推论罢了，并不能真正使他契合。他后来有诗云：

> 端居亦何为，日夕掩柴荆。静有弦诵乐，而无尘虑并。良朋
> 肯顾予，尚有凤心倾。深惭未闻道，折衷非所宁。眷焉抚流光，
> 中夜叹以惊。高山徒仰止，远道何由征？①

钱穆先生指出："'高山仰止'，即一意归向儒学也。'折衷非所宁'，则于老释异端，无意再作调停。"② 这是朱子后来归心儒门后的诗，值得注意的是他清楚地点明了以往思想的方式："深惭未闻道，折衷非所宁。"他把以往的方法概括为"折衷"，这种方式是在面对不同的思想和事物时，在思维中通过一种调和的方法来缓和其矛盾而达到和谐。③ 这也正是上文概括的"超越"的思维方式，在这种方式下，朱子摒弃具体的分殊，而追求那超越的同一，靠着这种调停后的同一维持着似是而非的"自得"。然而如果仔细而深入地细究各种思想和事物，那么所有被调和的矛盾依然会暴露出来。这种方式并非真正有得于理，只是一种暂且的调停罢了，因此朱子在此时经过反思认为"非所宁"，不再能安于这种方法了。

而这种反思，正是来自延平"面前事却又理会不得"的批评。这种超越或说折衷，是建立在舍弃摈除具体的"异"之上的，自然不能真正深入领会"分殊"之"异"。而延平确立的"理一分殊"的原则，看似也讲超越的"理一"，但根本的差别是，"理一"是由"分殊"为入手处而下学上达的。也即，朱子的"好同恶异"是由"同"入手，此"同"是通过摈除"异"而来的。"理一分殊"是由"异"入手，其"同"是容纳提升"异"而来的，这就是两者的根本差异。而在儒家的思想看来，"好同恶异"的思想方法，乃直接关联着佛老的出世思想，遁逃山林、弃绝人伦以

---

① 朱熹：《示诸同志》，《朱熹集》，四川教育出版社，1997 年，第 66 页。
② 钱穆：《朱子新学案》（第三册），九州出版社，2011 年，第 23 页。
③ 此诗中的"折衷"应如钱穆先生所谓"调停"之义，而非具有褒义的"六艺折衷于夫子"的"折衷"，后者朱子曾解释为"折当使归于中之义"。参见黎靖德：《朱子语类》，中华书局，1985 年，第 3279 页。

避开人事之纷扰；"理一分殊"的思想方法，则直接关联着儒家的入世精神，要礼乐制度，重建人伦。因此，延平"极言其不是"的背后乃是坚定的儒家立场。事实上，延平对朱子最大的影响正是这种"理一分殊"的原则，这种方法根本扭转了朱子早年的思想方法，并且也确立了朱子后来"格物致知"思想的基础，这是延平给朱子最重要的思想财富。[①]

二、杜鹃夜悟

朱子第一次见延平之后，心中并没有完全信从。他随后便赴任泉州同安，继续沉浸在佛老的精神世界之中，但与此同时也重新拾起儒家经典进行学习。在绍兴二十六年（1156，朱子二十七岁）三月时，朱子奉檄走外邑体究公事，夜宿德化，寒夜苦读《论语》，顿悟"子夏门人小子章"，其弃佛崇儒从此开始。[②]"杜鹃夜悟"是束景南先生的用语[③]，我们可以借此提法来探讨朱子此时经历的逃佛归儒的思想变化过程。《朱子语类》记载：

> 一日夜坐，闻子规声。先生曰："旧为同安簿时，下乡宿僧寺中，衾薄不能寐。是时正思量'子夏之门人小子'章，闻子规声甚切。（文蔚录云："思量此章，理会不得。横解竖解，更解不行，又被杜鹃叫不住声。"）今才闻子规啼，便记得是时。"[④]

《论语》"子夏之门人小子"章原文为："子游曰：'子夏之门人小子，当洒扫、应对、进退，则可矣，抑末也。本之则无，如之何？'子夏闻之，曰：'噫，言游过矣！君子之道，孰先传焉？孰后倦焉？譬诸草木，区以别矣。君子之道，焉可诬也？有始有卒者，其惟圣人乎？'"（《论语·子张》）子游认为子夏授徒只教洒扫应对这类礼节，是无本的，正如孔子说

① 此外，我们可以发现，朱子后来喜欢批评别人为"禅"（譬如其批评陆象山），与他早年学禅时"好同恶异"遭到延平用"理一分殊"批评的经历有关。如果朱子尚处于"好同恶异"时就接触了象山的"心即理"之说，很可能就会认同象山之说。但朱子接受了延平"理一分殊"的思想之后，对"分殊"十分重视，于是自然将不重视"分殊"、不重视读书的象山之学，视为一种类似"好同恶异"的学问。

② 参见束景南：《朱熹年谱长编》，华东师范大学出版社，2014 年，第 204–206 页。

③ 参见束景南：《朱子大传》，复旦大学出版社，2016 年，第 133 页。

④ 黎靖德：《朱子语类》，中华书局，1985 年，第 1211 页。

的"人而不仁，如礼何?"(《论语·八佾》)如果礼没有仁的内在精神，那么礼就只是一些细枝末节，只是徒有形式。因此子夏不能先教学生明白道理，而只从事于细枝末节，是没有意义的。子夏则反驳，认为教学本有先后之序，如果一开始就教高深的道理，而不考虑学生的水平，反而不是教学的正道。

朱子的思考和困惑集中在子夏的回答上，如何把看似是生活中细枝末节的礼仪活动和高深的道理统合起来呢? 这个问题之所以会困扰朱子，事实上正是他早年沉溺佛老而养成的"好同恶异"思维模式所导致的。他说:

> 某少时都看不出，将谓无本末，无大小。虽如此看，又自疑
> 文义不是如此。后来在同安作簿时，因睡不着，忽然思得，乃知
> 却是有本末小大。然不得明道说"君子教人有序"四五句，也无
> 缘看得出。圣人"有始有卒"者，不是自始做到终，乃是合下便
> 始终皆备。"洒扫应对"，"精义入神"便都在这里了。若学者便
> 须从始做去方得，圣人则不待如此做也。①

朱子说:"某向来费无限思量，理会此段不得。"②之所以如此费力，正是因为他用先前所学佛老的思维方式来理解儒家，自然发觉窒碍不通。所谓"无本末，无大小"，他觉得此道此理本来是一，更不需要分什么先后次序和本末大小，先后大小的分别反而导致将"一"与"同"割裂。但这样一想便和子夏的回答产生冲突，经过他的努力思考，终于打通而"知却是有本末小大"。而这一悟乃因他破除了原先佛老的思维方法而回到儒家思维方法之中，而所谓"有本末大小"实际就是"事有大小，而理无大小"，其背后则是"理一分殊"的原则。他说:

> 事有大小，故其教有等而不可躐;理无大小，故随所处而皆
> 不可不尽。③

所谓事有大小，正是"分殊"，不同的阶段采取不同的工夫，才不会

---

① 黎靖德:《朱子语类》，中华书局，1985 年，第 1207 页。
② 黎靖德:《朱子语类》，中华书局，1985 年，第 1208 页。
③ 黎靖德:《朱子语类》，中华书局，1985 年，第 1209 页。

躐等；所谓理无大小，正是“理一”，不同的修身进学的工夫，背后都贯穿着一理。

> 问：“‘洒扫应对’即是‘精义入神’之理，此句如何?”曰：“皆是此理。其为上下大小不同，而其理则一也。”……‘洒扫应对’是此理，而其‘精义入神’亦是此理。‘洒扫应对’是小学事，‘精义入神’是大学事。……“洒扫应对”与“精义入神”，皆是“是其然，必有所以然”。“洒扫应对”与“精义入神”，皆有所以然之理。①

初学的“洒扫应对”与高深的“精义入神”虽然表面上是极其不同的事，但是其“理”则本“一”。朱子这一思想后来更精要地反映在他成熟的作品《四书章句集注》中，他顺着子夏的思想进行梳理后引用了明道论教学有序的观点，而在自己的按语中明确点出了“其分虽殊，而理则一”②，明确地用“理一分殊”来理解这一章，这可谓是他从二十七岁所悟后就确定下来的观点了。这种思维方式，正如前文所说，与他早年理解的佛老的思维方式有巨大的差别。在这种思维方式中，“分殊”被纳入“理一”之中，“分殊”成为“理一”统摄下的“分殊”，“分殊”并不是散乱的杂多，而是都贯穿着“理一”，并且“分殊”本身就能体现至高的理，因此便不须摒除“多”来求得“一”，恰恰相反，可以经由“多”来证取“一”。在这种思想中，早年的“好同恶异”思想得到了彻底的克服，被延平批评的“面前事却又理会不得”的问题也找到了解决的途径。这种思维方法，把他重新拉回了儒家的大门口。

这一次在泉州德化，他通过对《论语》此章的思考而体证到了先前延平当面对他阐述的“理一分殊”的思想，这就是他所谓“同安官余，反复思之，始知其不我欺矣”的真实情况。③ 于是他决定摒弃佛老，正式拜延平为师。他后来总结这个过程：“某少时未有知，亦曾学禅，只李先生极言其不是。后来考究，却是这边味长。才这边长得一寸，那边便缩了一

① 黎靖德：《朱子语类》，中华书局，1985 年，第 1209 页。
② 朱熹：《四书章句集注》，中华书局，2012 年，第 191 页。
③ 王懋竑：《朱熹年谱》，中华书局，1998 年，第 15 页。

寸，到今销铄无余矣。毕竟佛学无是处。"① 在这个过程中，"理一分殊"是他悟到儒与佛老之别的关键，也是他弃佛老归儒、师从延平的契机。此外，还值得注意的是，朱子坦承"不得明道说'君子教人有序'四五句，也无缘看得出"，他若不是听从延平的劝告去重读儒家经典和伊洛文字，就不会有此悟；而借助文字可以明白道理的亲身经历，也是他后来注重读书和格物的一个原因。

第四节　师从延平与归向儒学

关于朱子正式拜师从学延平的时间，历来说法纷纭。② 我们不再讨论朱子究竟何时执弟子礼，而只须把握两个时间点便可，其一是绍兴二十六年（1156）的"杜鹃夜悟"，朱子由此转向了儒学，而拜师延平的念头应当也已经产生。其二是朱子于绍兴二十七年（1157）开始和延平通信。无论通信之初朱子是否以弟子之身份，都无碍于他此时确已开始向延平"问学"了。后来朱子把两人的通信结集成《延平答问》一书，我们便可由此来考察朱子此时思想的变化。

正如前文所说的，朱子早年大量地学习各种知识，繁多的知识困扰着他而使之不能自得，于是他沉浸于佛老之中，采取一种超越的方式，通过"同"来摒弃"异"，以此免除杂多的纷扰。但在延平的否定和他自己的体悟之后，他放弃了佛老的方式，采取了"理一分殊"的思维方式来重新应对原本的杂乱。于是我们发现，在从学延平的初期，他便着力于将各种分殊的知识进行贯通。《延平答问》中保留的朱子初期的两封书信《戊寅七月十七日书》和《戊寅冬至前二日书》中，我们发现他广泛引用前人之说

---

① 黎靖德：《朱子语类》，中华书局，1985 年，第 2620 页。

② 王懋竑以为朱子三十一岁始受学于延平，以庚辰始称延平"先生"为证（参见王懋竑《朱熹年谱》，中华书局，1998 年，第 292-293 页）。钱穆认同王懋竑的论断，进而指出二十六岁是朱子一意归向儒学更为确定之年（参见钱穆《朱子新学案》（第三册），九州出版社，2011 年，第 20 页）。陈来认为朱子在二十九岁正式师事延平，以戊寅年正月见延平，而此时朱子思想已变（参见陈来《朱子哲学研究》，生活·读书·新知三联书店，2010 年，第 50 页）。束景南以为朱子二十八岁正式师事延平，以此年为《延平答问》收书之始年（参见束景南《朱熹年谱长编》，华东师范大学出版社，2014 年，第 225 页）。

进行比较，并提出相似的例子进行横向对比。可见他此时正力图疏理自己所积累的知识，欲求获得贯通。这正是他接受了"理一分殊"原则后首先要做的事，我们可以通过以下两个表格分析。

《戊寅七月十七日书》①：

表1-1　《戊寅七月十七日书》所引前人之说及进行的横向比较

朱子提问所引	所引其他相关解释	横向对比
父在观其志，父没观其行。三年无改于父之道，可谓孝矣。	东坡谓可改者不待三年……	与几谏事亦相类。
孟武伯问孝，子曰："父母唯其疾之忧。"	旧说孝子不妄为非……	"不远游，游必有方"，"不登高，不临深"，皆是此意。
子游问孝。子曰："今之孝者，是谓能养。至于犬马，皆能有养。不敬，何以别乎？"	……诸家之说多不出此……	《春秋》所书归生、许止之事……
子曰："吾与回言终日，不违如愚，退而省其私，亦足以发。回也不愚。"		子夏"礼后"之问，夫子以为"起予"，亦是类也。"非助我者"……
子张学干禄，夫子告以多闻多见阙疑殆，而谨言行其余。	伊川先生亦曰，子张以仕为急，故夫子告之以此，使定其心而不为利禄动。恐亦是此意。	孟子曰"经德不回，非以干禄也"，与夫子之意一也。

《戊寅冬至前二日书》②：

——————————

　①　朱熹：《延平答问》，《朱子全书》（第十三册），上海古籍出版社，安徽教育出版社，2010年，第309-312页。

　②　朱熹：《延平答问》，《朱子全书》（第十三册），上海古籍出版社，安徽教育出版社，2010年，第312-320页。

表 1-1　《戊寅冬至前二日书》所引前人之说及其他相关解释

朱子提问所引	所引其他相关解释
《春秋》威公二年："滕子来朝。"	① 伊川谓服属于楚，故贬称子。 ② 胡文定以为为朝威而贬之，以讨乱贼之党，此义似胜。
因不失其亲，亦可宗也。	横渠先生曰："君子宁孤立无与，不失亲于可贱之人。"
《诗》三百，一言以蔽之，曰"思无邪"。	① 苏东坡曰："夫子之于《诗》，取其会于吾心者，断章而言之。颂鲁侯者，未必有意于是也。" ② 子由曰："思无邪，则思马而马应；思马而马应，则思之所及无不应也。故曰：'思无邪，思马斯徂。'此颂鲁侯者之意也。"
吾十有五而志于学。	① 横渠先生曰："常人之学，日益而莫自知也。仲尼行著习察，异于他人，故自十五至于七十，化而知裁。其进德之盛者与！" ② 伊川先生曰："孔子生而知之，自十五至七十，进德直有许多节次者，圣人未必然，亦只是为学者立一下法。盈科而后进，不可差次，须是成章乃达。"
禘自既灌而往者，吾不欲观之矣。	① 伊川曰："灌以降神，祭之始也。既灌而往者，自始及终皆不足观，言鲁祭之非礼也。" ② 谢氏引《礼记》曰："吾欲观夏道，是故之杞而不足证也。我欲观殷道，是故之宋而不足证也。我观周道，幽、厉伤之。吾舍鲁何适矣！鲁之郊禘，非礼也，周公其衰矣。"以此为证，而合此章于上文杞、宋不足证之说曰："考之杞、宋，则文献不足；考之当今，则鲁之郊禘又不足观，盖伤之也。" ③ 吕博士引荀子"大昏之未发，祭之未纳尸，丧之未小敛，一也"解此…… ④ 赵氏《春秋纂例》之说。
或问禘之说。	① 伊川以此章属之上文，曰："不知者，盖为鲁讳。知夫子不欲观之说，则天下万物各正其名，其治也指诸掌也。" ② 龟山引《礼记》："禘尝之义大矣，治国之本也，不可不知也。明其义者君也，能其事者臣也。不明其义，君人不全，不能其事，为臣不全。"非或人可得而知也。其为义大，岂度数云乎哉！盖有至赜存焉。知此则于天下乎何有！
子曰："参乎，吾道一以贯之。"	（此属于横向对比）如子思之言"忠恕违道不远"，乃是示人以入道之端。如孟子之言行仁义，曾子之称夫子，乃所谓由仁义行者也。

两封信的风格有同有异，我们从表格中可以很直观地发现，在第一封信中，朱子在提问时，大多引用前人的解释，并且举出另外的例子来横向对比，值得注意的是每个例子后面都会强调所引的例子都是相类似的，如"亦相类""皆是此意""亦是类"等。这种对比正表明他在整理自己的知识体系，把不同的知识进行串联、贯通，让散乱分殊的知识成为贯通相连的。在第二封信中，就较少横向举例对比了，但是注重的是对同样一句话的诸家解释不同的比较，此时他主要探求的是不同的解释中哪一种才是正解。如果用"理一分殊"的原则来考虑这两封信，我们会发现，第一封信更注重"理一"，他力图在"多"之中寻求"一"，要探究其"通"处；第二封信更注重"分殊"，他力图在不同甚至矛盾的解释中寻求正确的解释，要探究其"是"，这正是就分殊而理会的精神。

当年的第三封信（十一月十三日书）中，延平似乎发现了朱子倾向在章句文辞之上，并且着力在"理一分殊"的方法上用功，尤其是注重寻求一贯，于是延平因着朱子之问而指出：

> 又见喻云伊川所谓未有致知而不在敬者，考《大学》之序则不然。如夫子言非礼勿视听言动，伊川以为制之于外，以养其中数处，盖皆各言其入道之序如此。要之，敬自在其中也，不必牵合贯穿为一说。[①]

朱子此处亦是在对比伊川所谓"未有致知而不在敬"的观点与《大学》八条目的顺序有所不合的问题。延平则解释了伊川之说和孔子言"非礼勿视听言动"的观点都是在谈入道之序，而重点在他说"不必牵合贯穿为一说"，这一句话虽然在此处似乎仅仅是指此条而言，但是事实上延平很可能是指朱子此时的整个为学路向。此时朱子多在章句文辞上用力，并且力图寻求"理一"，这种倾向可能导致他为了"理一"而"理一"，把本不能相贯穿的强行贯穿，延平正是指出了他的这个潜在的问题。这一提醒也侧面反映出了朱子此时对"理一""一贯"的注重与追求。或许是因为朱子方才从佛老摒弃分殊的思维中回到肯定分殊的思维中，所以难免过

---

① 朱熹：《延平答问》，《朱子全书》（第十三册），上海古籍出版社，安徽教育出版社，第320页。

分地看重分殊与理一的关系，从而造成了他此时的为学特点。

这一为学特点不仅体现在《延平答问》中，也体现在朱子与范如圭、吴耕老等人对"忠恕"问题的讨论中。朱子在这些讨论中所持的观点同样是"理一分殊"的思想，他在《忠恕说》中云：

> 子曰："参乎，吾道一以贯之。"曾子曰唯。子出，门人问曰："何谓也？"曾子曰："夫子之道，忠恕而已矣。"曾子之学主于诚身，其于圣人之日用观省而服习之，盖已熟矣，惟未能即此以见夫道之全体，则不免疑其有二也。然用力之久，亦将自得矣。故夫子以一贯之理告之，盖当其可也。曾子于是默契其旨，然后知向之所从事者莫非道之全体，虽变化万殊，而所以贯之者未尝不一也。此其自得之深，宜不可以容声矣。然门人有问而以忠恕告之者，盖以夫子之道不离乎日用之间，自其尽己而言则谓之忠，自其及物而言则谓之恕，本末上下，皆所以为一贯。惟下学而上达焉，则知其未尝有二也。夫子所以告曾子，曾子所以告门人，岂有异旨哉！①

朱子分析了孔子说话的背景，认为曾子在日用分殊处已经修养娴熟，孔子担心他未能见此道之全体，亦即"理一"，因此稍加点拨。曾子默契而能洞见此全体，因此说"唯"。朱子进而指出"知向之所从事者莫非道之全体，虽变化万殊，而所以贯之者未尝不一也"，这正是"理一分殊"的另一种表达。即便是日常的践履，也能完满地体现"道之全体"，能明了此，便能知上下本末都是一贯的。可见朱子此时完全是以"理一分殊"来理解孔子的"一贯"的。他在给范如圭的信中说："熹顷至延平，见李愿中丈，问以一贯忠恕之说……其言适与卑意不约而合……"② 可见这个思想并不是延平直接传授给他的，而是他自己体认出来的，这与对"子夏之门人小子"文本的体认是完全一致的。

为何朱子此时之心思全部放在了探讨"理一分殊"与"一贯"上呢？正如前文所论，朱子方才从佛老中走出，当他摒弃佛老的思维方式时，一

---

① 朱熹：《忠恕说》，《朱熹集》，四川教育出版社，1997 年，第 3533–3534 页。此文作于绍兴二十八年（1158），参见束景南：《朱熹年谱长编》，华东师范大学出版社，2014 年，第 232 页。

② 朱熹：《与范直阁》，《朱熹集》，四川教育出版社，1997 年，第 1616 页。

定要寻找另一个可替代的新方式来解决原本依靠佛老思想所解决的问题。他原本"好同恶异"的思想是针对他心中充满杂多的知识而不能"自得"而起作用的，通过摒除杂多而抽象地把握一个"同"，此心不被纷杂的知识所扰乱，而达到一种相对的安宁和看似的"自得"。但当他真正去接触事物，探讨具体问题时，这种虚幻的"自得"就失去了效用。因此当他转而为"理一分殊"时，首要的依然在于通过这一思维方式来统摄梳理原本心中充塞的杂乱的知识，而这种疏通清理之后所要达到的目的依然是"自得"。因此他的行为的背后，依然是他一贯的对"为己之学"或"自得"的追求。

这种对"自得"的追求，不论是延平，还是朱子的其他朋友，在与他接触的过程中都感觉到了。在《延平答问》中，延平多次谈到"自得"：

> 大率须见洒然处，然后为得。虽说得行，未敢以为然也。①
> 于涵养处着力，正是学者之要，若不如此存养，终不为己物也。②

> 若欲进此学，须是尽放弃平日习气，更鞭饬所不及处，使之脱然有自得处，始是道理少进。③
> 昔尝得之师友绪余，以谓问学有未惬适处，只求诸心。若反身而诚，清通和乐之象见，即是自得处。④

《延平答问》作为书信汇编，虽然保存了延平重要的书信，但一方面，朱子的书信没有被系统完整地收入；另一方面，朱子曾长时间当面向延平问学，除了少数情况经过朱子的回忆而保存在《朱子语类》之中，其具体

---

① 朱熹：《延平答问》，《朱子全书》（第十三册），上海古籍出版社，安徽教育出版社，2010 年，第 313 页。
② 朱熹：《延平答问》，《朱子全书》（第十三册），上海古籍出版社，安徽教育出版社，2010 年，第 309 页。
③ 朱熹：《延平答问》，《朱子全书》（第十三册），上海古籍出版社，安徽教育出版社，2010 年，第 331 页。
④ 朱熹：《延平答问》，《朱子全书》（第十三册），上海古籍出版社，安徽教育出版社，2010 年，第 329 页。

的问学情况也不得而知。因此《延平答问》并不能系统完整地反映出两人交往的过程,但我们可以根据其中的一些线索来推测。例如以上诸条,延平屡次以"自得"来教朱子,便可见他本身对此的重视,亦可见朱子乃用力于此,以此为关切。延平的这些回答,正是点明了如何"自得"的方法,对于他来说,"自得"是关联着"洒然""和乐"的一种生命体验,这种体验要求去除习气的窒碍,涵养此心,反身而诚。当然,延平的方法并没有为朱子所契合与接受,此下文再谈,此处只是要说明"自得"之学在此时仍是朱子求学的重点,故而延平亦重视以此教之。

此外,汪应辰在《除敷文阁待制举朱熹自代》一文中亦说:"朱熹志尚宏远,学识纯正。不守章句,而以自得为本;不事华藻,而以躬行为用。"① 这里说"以自得为本",即以自得为学问之宗旨,此亦可见友人也知道朱子为学的精神。

然而,从朱子后来的自述来看,此时他的兴趣依然集中在章句之上:

> 近岁以来,获亲有道,始知所向之大方。竟以才质不敏,知识未离乎章句之间。②

> 当时亲炙之时贪听讲论,又方窃好章句训诂之习,不得尽心于此……③

在从学延平之时,他将更多的精力集中在经典文本的学习上,这便是广义的"章句训诂"之义,产生兴趣的原因,主要来自他个人的性格以及早年为学的经历。上文已述,朱子早年大量广泛地阅读不同的文献,学习不同的知识,这一特点成为他一生为学的基本性格。他说:"某初为学,全无见成规模,这边也去理会寻讨,那边也去理会寻讨。"④ 而这一历程间接地导致了他寻找不到"自得"的入路,才引发了出入佛老的经历。而当重新确立了儒家的立场后,他便极力地由"理一分殊"和"一贯"来重新组织梳理他的知识系统,以求"自得"。值得注意的是,心学家也好谈"自得",横向对比来看,心学家多是由自我生命存在的体验之困扰、纷扰

---

① 汪应辰:《文定集》,学林出版社,2009 年,第 44 页。
② 朱熹:《答江元适》,《朱熹集》,四川教育出版社,1997 年,第 1727 页。
③ 朱熹:《答何叔京》,《朱熹集》,四川教育出版社,1997 年,第 1842 页。
④ 黎靖德:《朱子语类》,中华书局,1985 年,第 2617 页。

而激发起他们寻求"自得"以获得此心之安宁。而朱子一开始所面对的似乎并不是自我生命存在之困扰不安，而是来自广泛学习中引发的知识之困扰和纷扰的不安，因此他所求之"自得"一开始就与心学家的出发点不同。也因此，他解决自己困扰的方式，虽然同样是处理"心"与"理"的关系问题，但他并不像心学家所寻求的在生活的践履活动中让此心自然和乐而无碍，而更多是寻求在面对各种知识时思想的通彻无碍。① 当然，这也不意味着朱子此时全然沉浸在理性的沉思中而不关心日用上的践履，这里所说的只是相对的侧重而已。

对章句发生兴趣的次要原因，则是来自延平的教导。朱子曾回忆：

> 李先生说，令去圣经中求义。某后刻意经学，推见实理，始信前日诸人之误也。②

> 因忆顷年见汪端明说："沈元用问和靖：'伊川易传何处是切要？'尹云：''体用一源，显微无间。'此是切要处。"后举似李先生，先生曰："尹说固好。然须是看得六十四卦、三百八十四爻都有下落，方始说得此话。若学者未曾子细理会，便与他如此说，岂不误他！"某闻之悚然！始知前日空言无实，不济事，自此读书益加详细云。③

延平的"理一分殊"而重"分殊"的思想，使他同样也重视对经典文本的学习，因此当他第一次见到朱子而反对朱子"说得无限道理"时，也是要求他重新去读圣贤书，这种对读书的重视与朱子的性格正相合，因此朱子立马就接受了这一建议。上引两条都体现了延平重视对经典的学习，而朱子"刻意经学""读书益加详细"都是基于自己的原本的兴趣进而强化了这一路向，因此可以说延平的教导是他此时期对章句发生兴趣的次要

---

① 丁为祥认为："朱子出生并成长于一个相对顺适的环境……他就既没有与周遭世界的强烈冲突，也没有遭遇外部世界的强烈打压或百般阻遏，自然也就不需要像心学家那样先进行一番孤绝的向内澄澈或向内求索。""由于其学术性格并没有像心学家那样经过与周遭世界的强烈冲撞，因而其学术生涯中的冲撞主要也就表现在如下环节中，即主要表现在其对前人思想谱系的选择以及对这一选择的维护、修正与推进的过程中。"这一分析令人有所启发，但此处所论与之不尽相同。（参见《学术性格与思想谱系——朱子的哲学视野及其历史影响的发生学考察》，人民出版社，2012年，第10-11页）

② 黎靖德：《朱子语类》，中华书局，1985年，第2617页。

③ 黎靖德：《朱子语类》，中华书局，1985年，第191-192页。

原因。

但是对读书的重视在延平心中与在朱子心中毕竟是有所不同的，朱子在《延平先生李公行状》中记载延平：

> 尝曰："读书者知其所言莫非吾事而即吾身以求之，则凡圣贤所至而吾所未至者，皆可勉而进矣。若直以文字求之，悦其词义以资诵说，其不为玩物丧志者几希。"以故未尝为讲解文书，然其辨析精微，毫厘毕察。①

对于延平来说，读书而明理，其要在于"即吾身以求之"，也即读书应当自身去体会其中的道理并加以践行，如果仅仅拘泥在文字上，则是玩物丧志。延平说此话时不知是否有意在针对朱子此时好章句之习，但是从朱子此时的着力点来看，其首要关切并不在经典文本所言义理与自身生命生活的接契上，而是在于经典义理之知识的疏通上。因此两人对于读书的理解实际是有所差别的。

延平自然也发现了朱子的这一特点，因此他一方面不断用"自得"来提醒朱子，如上文所引。他认为"自得"在于自身的生命体验之中，想扭转朱子以知识的疏通为"自得"的倾向。另一方面，他也教朱子如何读书与解经。首先，他主张读书应当"求言外之意"，不能拘泥于文辞。其次，在解经的方法上，他重视的不是分析，而是"体会""玩味"，重视体会圣人气象、玩味圣人之意，这就不是停留在具体的词句之上了，而是深体圣人之心。最后，他强调在领会文义后内心要能够感受到"洒落"，这是检验自己真有所得的标准。这种读书解经的方式，重在主观的体验和感受，而不重客观的理性分析，延平通过这种教法，也是在力图扭转朱子好客观地研究文本的倾向。然而，延平这一努力并未能改变朱子此时好章句的倾向。

延平更重要的工夫是"主静"，而其入手处则在"静坐"，他也自觉地以此来纠正朱子的好章句之习：

> 元晦偶有心恙，不可思索，更于此一句内求之，静坐看如

---

① 朱熹：《延平先生李公行状》，《朱熹集》，四川教育出版社，1997年，第4987页。

何，往往不能无补也。①

　　承谕处事扰扰，便似内外离绝，不相该贯。此病可于静坐时收摄，将来看是如何，便如此就偏着处理会，久之知觉，即渐渐可就道理矣。②

　　若欲于此进步，须把断诸路头，静坐默识，使之泥滓渐渐消去方可。不然，亦只是说也。③

他认为朱子过多地向外思索，以至于思虑纷扰，因此应当用静坐的方式来克服，在静坐中此心收摄至极而纯净无瑕，便能见得端绪。《延平答问》中收录他与刘平甫二书讲得更详细：

　　学问之道不在于多言，但默坐澄心，体认天理，若见虽一毫私欲之发，亦自退听矣。

　　大率有疑处，须静坐体究，人伦必明，天理必察。于日用处着力，可见端绪。④

通过默坐澄心而体认天理，牟宗三先生以此工夫"涵有一种'本体论的体证'，但却是隔离的、超越的体证，即暂时隔离一下（默坐、危坐）去作超越的体证。其如此所体证的本体，就《中庸》'致中和'言，是'中'体。但中体是个形式字，其所指之实即是'性体'"⑤。且不说延平之体证是否为"性体"，但是通过静坐摒除思虑纷扰，确实可以恢复到一种极其精粹的本心的状态，这也是杨时所传道南一系的工夫要领。朱子在《延平先生李公行状》中更详细记载：

　　讲诵之余，危坐终日，以验夫喜怒哀乐未发之前气象为如何，而求所谓中者。若是者盖久之，而知天下之大本真有在乎是

---

① 朱熹：《延平答问》，《朱子全书》（第十三册），上海古籍出版社，安徽教育出版社，2010年，第322页。

② 朱熹：《延平答问》，《朱子全书》（第十三册），上海古籍出版社，安徽教育出版社，2010年，第331页。

③ 朱熹：《延平答问》，《朱子全书》（第十三册），上海古籍出版社，安徽教育出版社，2010年，第333页。

④ 朱熹：《延平答问》，《朱子全书》（第十三册），上海古籍出版社，安徽教育出版社，2010年，第341页。

⑤ 牟宗三：《心体与性体》（下），上海古籍出版社，1999年，第5页。

也。盖天下之理无不由是而出，既得其本，则凡出于此者，虽品节万殊，曲折万变，莫不该摄洞贯，以次融释而各有条理，如川流脉络之不可乱。大而天地之所以高厚，细而品汇之所以化育，以至于经训之微言，日用之小物，折之于此，无一不得其衷焉。由是操存益固，涵养益熟，精明纯一，触处洞然，泛应曲酬，发必中节。①

通过静坐而把握到"天下之大本"，由此而发便能无不中节，这正是延平之真正工夫所在。而其实这一工夫，也是一种"理一分殊"思维模式在工夫论上的具体实践。通过静坐而把握"理一"，由此而发，各种"分殊"自然能中节。这种工夫，是从"理一"入手的。

而前文讨论说延平重分殊，重具体问题的研究，如延平曾说："凡遇一事，即当且就此事反复推寻以究其理，待此一事融释脱落，然后循序少进，而别穷一事。如此既久，积累之多，胸中自当有洒然处，非文字言语之所及也。"② 这正是脱胎于伊川"今日格一件，明日又格一件，积习既多，然后脱然自有贯通处"③。这种精神是由"分殊"入手的。

综上可以发现，延平注重"理一分殊"，乃是两头皆有入手处，由具体的问题细加探究体会以得"分殊"并汇归"理一"，又由静坐体认以得"理一"而达致"分殊"，两方并重。

然而静坐体认的这一进路，朱子终生不相契合。其原因，除了他亲身体验上的失败之外，另外或许与他方才逃佛老归儒有关。他方才从"好同恶异"中走出，这种直下静坐体认天理的模式，与佛老太相似了，他本能地便加以拒绝。借用牟先生所说"忌讳"一词④，我们可以说他此时正是有此心结而对此进路有所"忌讳"而不选择。甚至到后来，他对延平此进路也不无微词：

---

① 朱熹：《延平先生李公行状》，《朱熹集》，四川教育出版社，1997 年，第 4985 页。
② 朱熹：《大学或问》，《朱子全书》（第六册），上海古籍出版社，安徽教育出版社，2010 年，第 532 页。
③ 程颢、程颐：《二程集》，中华书局，2004 年，第 188 页。
④ 参见牟宗三：《心体与性体》（下），上海古籍出版社，1999 年，第 31 页。牟先生认为朱子早年由不真切的借禅学而入的方式去理解孟子，所以后来出于忌讳禅学以至于终于不能契合孟子。此说之然否先不论，此处仅仅借用其"忌讳"禅学的用词来表达。

李延平教学者于静坐时看喜怒哀乐未发之气象为如何。伊川谓"既思，即是已发"……曰："李先生所言自是他当时所见如此。"问："二先生之说何从？"曰："也且只得依程先生之说。"①

朱子在从学延平时对此尚只是不相契合而置之不顾，到了后来重新走上伊川的进路后，便对此进路明确地反对了。而出于对老师的尊敬，他也只是消极地用"他当时所见如此"来搪塞学生，而其心所想则是"只得依程先生之说"了。

但不久后，即朱子三十四岁时，延平去世了。延平虽然把朱子领回儒门，但是他并没有能按照自己的进路扭转朱子的思想。而此时，朱子也还没有真正的"自得"。朱子在《中和旧说序》中说："余蚤从延平李先生学，受《中庸》之书，求喜怒哀乐未发之旨未达，而先生没。余窃自悼其不敏，若穷人之无归。"② 这表明了他在延平门下时，特别注重《中庸》的"未发"问题。延平的"默坐澄心""体认未发"实际就是道南一系对《中庸》"未发已发"的理解，但是朱子于此并不契合，即便他清楚地了解了延平的进路，能够在后来《延平先生李公行状》中非常精准地介绍延平之思想，但由于生命体验上的不能契合与自得，依然说"未达"。而在此时延平撒手而去，更使他失去了可以质询的对象，于是他反复感慨"若穷人之无归"。在与何镐的通信中，他也说道：

晚亲有道，粗得其绪余之一二，方幸有所向而为之焉，则又未及卒业而遽有山颓梁坏之叹，怅怅然如瞽之无目，擿埴索途终日而莫知所适，以是窃有意于朋友之助。③

这一方面表现了他此时内心的惶惑和悲伤；另一方面，他强调"粗得其绪余之一二，方幸有所向而为之"，这个"所向"不仅仅是指延平领他进了儒门，更具体来说其实就是由《中庸》"未发已发"来理解心性问题的进路。《中和旧说序》说的"未达"，正是此处的"未及卒业"；而"穷人之无归"，也正是此处的"怅怅然如瞽之无目"。牟宗三指出："延平于

---

① 黎靖德：《朱子语类》，中华书局，1985年，第2773页。
② 朱熹：《中和旧说序》，《朱熹集》，四川教育出版社，1997年，第3949页。
③ 朱熹：《答何叔京》，《朱熹集》，四川教育出版社，1997年，第1839–1840页。

此对于朱子只算是供给一题目，至多供给一着手之入路，即只指点其自'致中和'入。至对此入路内容之理解，则朱子并无得于延平。"① 暂且不论朱子是否有得于延平的教诲，至少由此"中和"问题为进路来参究心性问题，这一概括是十分准确的。

延平的去世，除了使朱子在学术上失去倚靠，更让他在修身上由于缺乏师友相互砥砺而陷入一种精神困顿。他说：

> 熹自延平逝去，学问无分寸之进，汩汩度日，无朋友之助，未知终何所归宿。迩来虽病躯粗健，然心力凋弱，目前之事十亡八九。至于观书，全不复记，以此兀兀，于致知格物之地，全无所发明。②

他不但自觉无尺寸之进，而且困于精神疲敝。然而在困顿中，他也在酝酿着一种新的突破。

① 牟宗三：《心体与性体》（下），上海古籍出版社，1999 年，第 40 页。
② 朱熹：《答柯国材》，《朱熹集》，四川教育出版社，1997 年，第 1758 页。

第二章 "中和旧说"的提出与旨趣

第一节 与湖湘学的接触和初步印象

延平于隆兴元年（1163）十月去世，而去世前一月，朱子受召赴行在奏事。在此，他遇到了南轩张栻（字敬夫，后改字钦夫）。延平的撒手而去与湖湘学的接踵而来几乎在同时，就仿佛真是天欲降大任于朱子，要他在不同的体系的碰撞中磨砺自我，有朝一日才能够真正光辉洛学，集其大成。

十一月，朱子在都下与南轩初次相遇，讨论主战用兵之事，两人此时皆主张抗金，反对议和。朱子又向张浚献策，但张浚未能采纳。十二月，朱子离开临安返回福建。隆兴二年（1164）八月，张浚卒。九月，南轩护送灵柩经过豫章，朱子登舟哭祭张浚，并送其至丰城，其间与南轩有三日交流。

朱子回忆："闻张钦夫得衡山胡氏学，则往从而问焉。钦夫告余以所闻，余亦未之省也。"① 可见，三日间，南轩向朱子简要介绍了湖湘学，但朱子当下并未了解。但在归来途中，朱子立即给同学罗博文写信，极力表扬了南轩"其天质甚敏，学问甚正，若充养不置，何可量也！"② 南轩为人明快聪颖，无怪乎五峰与朱子见之皆赞叹不已。在同年稍后给罗博文的第二封信中，朱子则更加详细地谈到了湖湘学：

---

① 朱熹：《中和旧说序》，《朱熹集》，四川教育出版社，1997 年，第 3949 页。
② 朱熹：《答罗参议》，《朱熹集》，四川教育出版社，1997 年，第 5237 页。"天质"原作"名质"，校勘中提及四库本为"天资"，此似较为合理，据此而改。

胡仁仲所著《知言》一册内呈，其语道极精切，有实用处……钦夫尝收安问，警益甚多。大抵衡山之学只就日用处操存辨察，本末一致，尤易见功。某近乃觉知如此，非面未易究也。①

朱子此时手中的《知言》，必是第二次见南轩时南轩所送。他当时虽然未能领悟南轩的介绍，但经过反复阅读和思考，把握到了湖湘学的要旨。他急迫地与罗博文分享，认为湖湘学的特点在于"只就日用处操存辨察，本末一致，尤易见功"，正如上文谈及五峰论"察识"，注重在日用中操存此心四端之发见，由此扩而充之，就能"尽心"而成仁。五峰之学反对离"物"言"道"，主张"道"在"物"中，其工夫论注重在日用间察识此心，也正与此相一致。

朱子所谓"本末一致"，其实是由他反观道南学而有"本末不一致"的印象而来的。这里的本末可以指"未发""已发"，亦可以指"工夫"和"效验"。朱子在延平门下，始终不契合其"体验未发"的工夫：

李先生教人，大抵令于静中体认大本未发时气象分明，即处事应物，自然中节。此乃龟山门下相传指诀。②

这种工夫正是龟山道南一系的根本要诀，龟山尝云："学者当于喜怒哀乐未发之际以心体之，则中之义自见，执而勿失，无人欲之私焉，发必中节。"③ 他们把"未发"理解为感情念虑尚未产生时的一种心理状态，把"已发"理解为已经产生感情念虑的心理状态。由于"已发"一定是在"未发"的基础之上才可能的，因而"未发"便被他们视为"已发"的根源或基础。而"未发"时由于尚未有任何情感念虑，因此便无所偏倚，这就是一种"中"的状态。他们认为通过体验、涵养此不偏不倚的"中"的状态，就能把握"天下之大本"，由此在已发时便也能做到不受情感念虑的左右，而自然"中节"。

如果以"已发"之"中节"为目标指向的话，我们发现，道南学是把工夫落在"未发"与"已发"之间、"工夫"与"效验"之间，"中节"

---

① 朱熹：《答罗参议》，《朱熹集》，四川教育出版社，1997年，第5238页。
② 朱熹：《答何叔京》，《朱熹集》，四川教育出版社，1997年，第1841–1842页。
③ 杨时：《答学者》，《杨时集》，中华书局，2018年，第564页。

则被视为可由"未发"所决定的效验。因此，从工夫论的角度来看，下手之工夫（"未发"）和目标之效验（"已发"）有所间隔。若进一步深究此工夫的本体论根据，那么可以问：在"未发"上做工夫，是否就能实现"已发"时的应物中节呢？也即，"未发"之"中"能否决定"已发"之"和"呢？道南学的工夫以此为前提，但这不得不说实有一层异质的跳跃，"未发"之"中"与"已发"之"和"恐不是分析命题，不能直接推导而出，因而其只能归结于人之"心"有这种转换的能力，但他们对此"心"的这项能力实际上缺乏深入的探讨。因此道南学在本体论和工夫论上，都有一种不易厘清的跳跃和间隔感。前已论及牟宗三在讨论延平之学时，指出此种工夫是一种"隔离的超载的体证"。① 牟先生立论主要是从工夫论的角度进行的，并且其有他自己本体论上的解释，我们引其说仅仅在于说明，他亦注意到道南学的工夫有一种"隔离"的特点。在"未发"与"未发"之间、"工夫"与"效验"之间，道南学都表现出一种割裂之感，这或许是朱子长久不能契合，而实践上亦不能自得的原因。

而湖湘学则与此不同。湖湘学并不把"未发"和"已发"视为时间中的心理活动状态，而是将其视为一种体用结构。性是体，心是用，人心无时不在活动中，但"良心"能够随处发见，这可以说是自然能够应物"中节"，于是在发见之时操而存之，扩而充之，便能够尽心成仁。就心性论的结构上，"未发""已发"之作为体用关系，便不是截为两段，而是即用即体，良心就是性体的表现，性体就是良心的根据，两者无有间隔。就工夫论上，人只要能够操存扩充当下发见而自然中节的良心，便可尽心成仁，工夫处就是效验处，亦无间隔。或许正是这种印象，让朱子发出"本末一致"的感叹，其在操作上亦比道南学更容易下手，因此他也称赞"尤易见功"。他初步接触湖湘学得到的这种直观感受，使他产生了学习湖湘学的强烈兴趣，与此同时，他对道南学也自然产生了动摇。

---

① 牟宗三：《心体与性体》（下），上海古籍出版社，1999年，第5页。

第二节 "丙戌之悟"的产生与"人自有生"第一书释义

在乾道二年（1166）夏秋间，朱子弟子范念德到建安从游，朱子与之讨论时忽然大悟长久以来思索未通的"未发已发"。他回忆这个过程：

> 一日，喟然叹曰："人自婴儿以至老死，虽语默动静之不同，然其大体莫非已发，特其未发者为未尝发尔。"自此不复有疑，以为《中庸》之旨果不外乎此矣。后得胡氏书，有与曾吉父论未发之旨者，其论又适与余意合，用是益自信。虽程子之言有不合者，亦直以为少作失传而不之信也。①

因其时在丙戌年，所以后世将朱子此次体悟称为"丙戌之悟"②。朱子后来曾经把讨论此次体悟所得的相关书信结集为《中和旧说》，但此集今已不可见。现今朱子《文集》中仅散落四封寄给南轩讨论此问题的信，分别为《文集》卷三十中的《与张钦夫》（人自有生）、（前书所扣）两书，以及卷三十二的《答张敬夫》（诲喻曲折数条）、（前书所禀）两书，清代的王懋竑将这四封书信依次标为"人自有生"第一书至第四书。

这四封书信的时间次序历来颇有争议，王懋竑、牟宗三、钱穆、刘述先、陈来、束景南等人都有过考证，至今仍存在许多细节上的分歧。本书认为，"人自有生"四书的顺序应为"一""四""二""三"。第一书约在乾道二年（1166）六月，第四书在乾道二年七月，第二书在乾道二年九月至十月间，第三书约在乾道三年（1167）四月，相关考证可参考书后附录。就四封书信的次序而言，本书考证与陈来先生的观点一致。下文便按此顺序，依次梳理朱子的相关讨论。

朱子在《与张钦夫》（人自有生）中说：

> 人自有生即有知识，事物交来，应接不暇，念念迁革，以至

① 朱熹：《中和旧说序》，《朱熹集》，四川教育出版社，1997年，第3949页。
② 钱穆、刘述先等许多学者认为"中和旧说"当在乾道四年（1168）的戊子年，笔者经由考证认为在丙戌年无误，详见附录二《朱子"人自有生"四书年代考论》。

于死，其间初无顷刻停息，举世皆然也。然圣贤之言，则有所谓未发之中，寂然不动者。夫岂以日用流行者为已发，而指夫暂而休息，不与事接之际为未发时耶？尝试以此求之，则泯然无觉之中，邪暗郁塞，似非虚明应物之体，而几微之际一有觉焉，则又便为已发，而非寂然之谓。盖愈求而愈不可见，于是退而验之于日用之间，则凡感之而通，触之而觉，盖有浑然全体应物而不穷者。是乃天命流行、生生不已之机，虽一日之间万起万灭，而其寂然之本体则未尝不寂然也。所谓未发，如是而已，夫岂别有一物，限于一时，拘于一处，而可以谓之中哉？然则天理本真，随处发见，不少停息者，其体用固如是，而岂物欲之私所能壅遏而梏亡之哉？故虽汩于物欲流荡之中，而其良心萌蘗，亦未尝不因事而发见。学者于是致察而操存之，则庶乎可以贯乎大本达道之全体而复其初矣。不能致察，使梏之反覆，至于夜气不足以存而陷于禽兽，则谁之罪哉？周子曰："五行，一阴阳也，阴阳，一太极也，太极，本无极也。"其论至诚，则曰静无而动有，程子曰："未发之前更如何求？只平日涵养便是。"又曰："善观者却于已发之际观之。"二先生之说如此，亦足以验大本之无所不在，良心之未尝不发矣。①

朱子参究"中和问题"是从观察人的意识状态入手。他发现，人出生时便有感知与识别事物的能力，并在与事物接触中产生相应的意识活动。所有人都处于这种意识活动的变化中，且此种活动、此种变化是连续不间断的。然而根据圣贤的说法，人都有一个"寂然不动"的"未发之中"。"寂然不动"是《易·系辞上》的用语，"未发之中"的说法则出自《中

---

① 朱熹：《与张钦夫》，《朱熹集》，四川教育出版社，1997年，第1289–1290页。

庸》，朱子在此将二者联系起来看。① 尽管人有暂时不与事物接触的时候，但并不能称之为"未发"，这一点李侗早已明言，朱子也没有违背乃师的教导。②

朱子曾在此种"不与事接之际"去体验"未发之中"，即沿着延平指示的"静中看'喜怒哀乐未发之谓中'气象如何"去做修养工夫，但其结果是失败的，因为此种"泯然无觉"的状态只能带来"邪暗郁塞"的感觉，而没有达到道南学派所承诺的工夫效验（即把握一个"虚明应物"的"中体"）。这一条路无法走通，朱子便选择"退而验之于日用之间"。其实延平也曾教导他在日用上下功夫，但究其本意，大概如《又与刘平甫书》所云："大率有疑处，须静坐体究，人伦必明，天理必察。于日用处着力，可见端绪。"③ 亦即在日用处做的是道德实践的工夫，虽然由此道德实践可见天理发用之"端绪"，但这是建立在"静坐体究"工夫达到了明人伦、察天理等效验的基础之上。而朱子所谓"退而验之于日用之间"，却是在这一前置工夫失败的情况下退而求其次，将日常活动当作体验"未发之中"的工夫对象，这与延平的指点存在根本路径上的差异。

朱子的策略是从日用间的现象推寻本质，他观察到人在接触事物时总是"感之而通，触之而觉"（此所谓"感之而通"是对《易·系辞上》"感而遂通"的化用），于是推论此种作用背后有一个"浑然全体应物而不穷者"，这就是"天命流行、生生不已之机"。朱子晚年释《太极图说》"动静者，所乘之机"一句时说："机，是关捩子。踏着动底机，便挑拨得

---

① 牟宗三认为，《系辞》所谓"寂然不动，感而遂通"与"未发之中"指的都是同一个创生之实体（creative reality），其名之曰"寂感真几"。［参见牟宗三：《心体与性体》（下），上海古籍出版社，2010年，第70页。］就此而言，朱子此种联系并无不妥。但在牟宗三看来，创造之实体本身是一个动源、生源（"真几"是"动之微"），而朱子所追寻的源头则只是"寂然不动"者，特别在其后期的理论中，作为形而上者、作为本体的"理"更不能用形而下的"动静"来形容。尽管牟宗三以此批评朱子领悟的"理"是"只存有而不活动"，但在我们看来，只是朱子本体论所预设的基本概念与牟宗三不同。牟宗三的"真几"概念，其实也可以在朱子理论中借助"理"与"气"二者得以说明。

② 朱子曾提到延平说："人固有无所喜怒哀乐之时，然谓之未发则不可，言无主也。"《答林择之》（所引人生而静）顾宏义推测乾道五年（1169）所作（参见顾宏义：《朱熹师友门人往还书札汇编》（第三册），上海古籍出版社，2017年，第1508页）。

③ 朱熹：《延平答问》，《朱子全书》（第十三册），上海古籍出版社，安徽教育出版社，2010年，第341页。

那静底；踏着静底机，便挑拨得那动底。"① 又说："机，言气机也。"②
"关捩子"是禅宗常用之语，一般指玄妙而紧要之处，但其本意是指能够
转动的机械装置。从朱子的描述上看，"关捩子"似乎更像是机械传动系
统的第一枚齿轮，当它被转动时，必定会引发后面齿轮的一系列连锁反
应。当然，这并不意味着朱子就认为"天命流行、生生不已"是机械式的
发生过程，他只是为了指点出"天命流行、生生不已"有一个终极的源
头，此源头就是万千变化现象背后的"寂然不动"者，就是所谓"未发"
一词所指示的对象（即"中"）。③ 按朱子此时的想法，此"未发之中"并
不是"物"，因为"物"作为有限者，具备在空间中的广延性与在时间中
的延续性。既然"未发之中"要"应物不穷"，且是"举世皆然"，其便
不能作为有限者被加以把握，故说不能"限于一时、拘于一处"。

接着朱子的论述又转向"天理"，强调"天理"是真实无妄、随处呈
现的，所以人们在接触事物时，不管意识活动多么繁杂，都必然同时伴随
着"良心萌蘖"，而此处正是做"致察"与"操存"等修身工夫的基点。
此时朱子的本体论与工夫论观点已经较为明晰。在本体论上，"天理"即
是"未发之中"，即是本体，"良心"即"已发"者，即是作用，且本体
总是在时空中呈现其作用，没有停止的时候。在工夫论上，"致察"与
"操存"是针对"已发"的"良心"而言的，要人们先察识已经萌发的良
心，然后谨慎保持、守住此种良心发见的状态，不要让它被流荡的物欲所
湮灭（用朱子后来的话说即"先察识而后存养"）。而此种工夫在牟宗三看
来，便是孟子、明道与五峰所提倡的修身进路。④ 如前所说，朱子自隆兴
元年（1163）认识南轩张栻以来，便从他那里了解到许多湖湘学者（特别
是五峰）的思想主张。此书中的工夫论思想与五峰如出一辙，可见此时朱

---

① 黎靖德：《朱子语类》，中华书局，1985 年，第 2376 页。
② 黎靖德：《朱子语类》，中华书局，1985 年，第 2376 页。
③ 此种比喻其实也隐含着超越层与经验层的混淆。因为在此种比喻中，"机"是需要被踏动
的，其只是被踏动的第一个机械，故与其他因此产生的事物都属于同一层次（即经验层）。而朱子
所指认的"寂然之本体"自身显然总是"寂然不动"的，一个"寂然不动"者似乎无法作为经验
事物的开端，而只能是超越者。此时"寂然不动"便不是经验中或空间中之"不动"义，而是作
为本体、作为超越者自身不会随其呈现在经验中的现象之改变而改变的"不动"义。故牟宗三在
解释此段时，特别慎重地以"真几"之名而非如朱子以"机"说实体自身。
④ 牟宗三：《心体与性体》（下），上海古籍出版社，1999 年，第 71 页。

子仍处在南轩的影响之下。①

此书最后，朱子又分别列举濂溪周敦颐与伊川程颐的言论。周敦颐的言论直接涉及本体论，"五行一阴阳也"句出自《太极图说》，朱子以此证明"无极""太极"与"阴阳""五行"之间连贯的创生关系。而"静无而动有"则是周敦颐形容"诚"的话语，《通书·诚下第二》云："诚，五常之本，百行之源也。静无而动有，至正而明达也。"② 在他的论述中，"诚"就是一切德性与德行的大本大源。当其"静"时，其自身并不在经验世界中呈现，因而只是"无"（无形无迹）；当其"动"时，便呈现为经验世界中的形迹，因而是"有"（有形有迹）。由此亦证明，"天理"本身是"未发"者、"寂然不动"者，当其活动时才是"已发"者，才有形迹。伊川的言论则是工夫论层面的，朱子所引二句都出自《二程遗书》中伊川与苏季明关于《中庸》"已发未发"问题的一段讨论。伊川反对在"喜怒哀乐未发之前"去"求中"，因为有"求中"的念头便是"已发"。③ 但他已断定"未发之中"（其称之为"在中"，意即在本体自身说"中"）本身就是"道"，本身无所谓偏差，尽管"未发之中"在遇事呈现时（如遇事而喜、遇事而怒等）有出现偏差的可能，但也必然会有"已发"之"和"的呈现，因此他才主张通过观察"喜怒哀乐已发之际"（严格说应是"喜怒哀乐发而中节之际"）去把握其背后的"中体"。④ 因此，朱子引用伊川的工夫论话语是为了指明其背后的本体论预设，最终都是用以支持自己的"大本之无所不在，良心之未尝不发"的观点。

当然，以上多多少少借助了朱子成熟时期的思想结构来考察他的"人自有生"第一书，因而可以发现他的观念走向基本上是清楚的。倘若回到朱子当时的思想处境，正如他自己后来的反思，这封信中的对象命名、概念使用、命题表达以及对先儒言论的理解与诠释等方面仍存在较多的模糊地带，因而也缺乏准确性。在"人自有生"第四书中，他便试图用更清晰的说法来表达第一书的观点。

---

① 张栻的工夫论思想亦经过一个发展的过程（可参见文碧方、洪明超：《张栻早期、中期与晚期工夫论之演变》，《湖南大学学报（社会科学版）》，2019 年第 4 期）。

② 周敦颐：《周敦颐集》，中华书局，2009 年，第 15 页。

③ 按照程颐的理解，"已发未发"的主语其实已不限于喜怒哀乐之情感而已，而是包括思维、情感、意志等方面在内的人的心智全体。

④ 程颢、程颐：《二程集》，中华书局，2004 年，第 201 页。

第三节 "人自有生"第四书释义

《答张敬夫》（前书所禀）云：

> 前书所禀寂然未发之旨，良心发见之端，自以为有小异于畴昔偏滞之见，但其间语病尚多，未为精切。比遣书后，累日潜玩，其于实体似益精明。因复取凡圣贤之书，以及近世诸老先生之遗语，读而验之，则又无一不合。盖平日所疑而未白者，今皆不待安排，往往自见洒落处。始窃自信，以为天下之理其果在是，而致知格物、居敬精义之功，自是其有所施之矣。圣贤方策，岂欺我哉！
>
> 盖通天下只是一个天机活物，流行发用，无间容息。据其已发者而指其未发者，则已发者人心，而凡未发者皆其性也，亦无一物而不备矣。夫岂别有一物拘于一时、限于一处而名之哉？即夫日用之间，浑然全体，如川流之不息，天运之不穷耳。此所以体用、精粗、动静、本末洞然无一毫之间，而鸢飞鱼跃，触处朗然也。存者存此而已，养者养此而已，"必有事焉而勿正，心勿忘勿助长"也。从前是做多少安排，没顿著处。今觉得如水到船浮，解维正柂而沿洄上下，惟意所适矣，岂不易哉！始信明道所谓"未尝致纤毫之力"者，真不浪语。而此一段事，程门先达惟上蔡谢公所见透彻，无隔碍处，自余虽不敢妄有指议，然味其言亦可见矣。①

在此，朱子首先重申了第一封信的两个要点：一是"寂然未发之旨"，亦即"大本"自身是"未发者"，是"寂然不动"的；二是"良心发见之端"，亦即"大本"又是无时无刻、无所不在地呈现为现实的良心。他进一步指出，整个世界的运转只是"天机活物"，"天机"即"天命流行、生生不已之机"，"活物"则是指天下之物都处于天命流行的活动之中。接

---

① 朱熹：《答张敬夫》（前书所禀），《朱熹集》，四川教育出版社，1997年，第1373–1374页。

着，他又将考察对象聚焦在人的内在意识上，明确指出"已发者"是"人心"（此时"人心"一词仍特指第一书中的"良心"），而"未发者"是"性"，并明确指出孟子所谓"必有事焉而勿正，心勿忘勿助长"的存养之法，正是以此体用一贯的"流行发用"为对象。因为体用并不存在丝毫的间隔，所以并不需要做什么安排，不需要"致纤毫之力"就可以把握到良心的发用。至此，朱子便确立了"中和旧说"时期"心性对言"的概念关系。

朱子在乾道五年（1169）领悟"中和新说"以后回忆说："《中庸》未发已发之义，前此认得此心流行之体，又因程子凡言心者皆指已发之云，遂目心为已发而以性为未发之中，自以为安矣。"[1] 据此可知，他是因为看到伊川"凡言心者皆指已发"之类的说法，才将"心""性"概念与"已发""未发"相联系。"凡言心者皆指已发"出自伊川《与吕大临论中书》，通行本题下有小注曰："此书其全不可复见，今只据吕氏所录到者编之。"[2] 可见此书系吕大临所摘录，而非伊川书信原貌。尽管如此，此书仍对二程后学产生极其重要的影响。由此书中吕大临的话可以看出，伊川曾经提出过"凡言心者皆指已发而言"，但他在下文答语中就已纠正这一说法："凡言心者指已发而言，此固未当。心一也，有指体而言者（小注："寂然不动"是也），有指用而言者（小注："感而遂通天下之故"是也），惟观其所见如何耳。"[3] 可见把"已发"者叫作"心"只是伊川一时间不严谨、不妥当的说法，严格来说，"已发"与"未发"只是对"心"之"体用"的不同指称，"已发"是指"寂然不动"的心之本体，而"未发"是指"感而遂通天下之故"的心之发用。此种观点，除了以《易·系辞上》的"寂然不动"说"未发"、"感而遂通"说"已发"之外，实际上并不同于朱子"中和旧说"所认为的"心为已发，性为未发"。然而朱子当时并不能有所注意，只觉得是程门弟子在记录上的失误，加上他看到五峰有些言论似乎可以印证自己的观点，便愈加坚定了自己的看法。

朱子在《中和旧说序》中说："后得胡氏书，有与曾吉父论未发之旨

---

① 朱熹：《已发未发说》，《朱熹集》，四川教育出版社，1997 年，第 3526 页。
② 程颐：《与吕大临论中书》，《二程集》，中华书局，2004 年，第 605 页。
③ 程颐：《与吕大临论中书》，《二程集》，中华书局，2004 年，第 609 页。

者，其论又适与余意合，用是益自信。"① 虽然如此，我们检阅五峰《与僧吉甫书三首》的相关讨论，就会发现其意并不是真与朱子相合。② 五峰《与僧吉甫书》所表达的思想主要有以下三个要点：

（1）"未发只可言性，已发乃可言心。"五峰在此是以伊川论"中者，所以状性之体段"为证，以说明"性"与"心"有"未发"与"已发"的层次之别。假如只从概念的对应关系上看，这种说法与朱子所谓"已发者人心，而凡未发者皆性也"无疑是一致的，都是以"未发"言"性"而"已发"言"心"。

（2）"未发之时，圣人与众生同一性。"又说："喜怒哀乐未发，冲漠无朕，同此大本，虽庸与圣，无以异也。"朱子此时并未讨论圣人与常人、人与其他生物在"性"方面的差别，但他在《延平答问》中曾讨论过人性与禽兽之性的异同问题："熹昨妄谓仁之一字，乃人之所以为人而异乎禽兽者，先生不以为然。熹因以先生之言思之而得其说，敢复求正于左右。熹窃谓天地生物，本乎一源，人与禽兽草木之生，莫不具有此理。其一体之中，即无丝毫欠剩，其一气之运，亦无顷刻停息，所谓仁也。"③ 便已经肯认万物同出一源，故万物在"理"之层面或"性"之层面上并无差别，人与禽兽草木在"一体之中即无丝毫欠剩"。因此，从朱子的角度看，就算他在此信中未直接论及圣人与众生之"性"的问题，也不妨其能接纳五峰"圣人与众生同一性"的观点，从而声称五峰之论"适与余意合"。

（3）"已发则无思无为，寂然不动，感而遂通天下之故，圣人之所独。夫圣人尽性，故感物而静，无有远近幽深，遂知来物；众生不能尽性，故感物而动，然后朋从尔思，而不得其正。"在如何用《易·系辞上》之文本讨论《中庸》之"未发已发"的问题上，五峰与朱子的差异（也是与伊川的差异）便凸显出来了。前已论及，朱子如伊川一样以"寂然不动"说"未发"者，以"感而遂通"说"已发"者，二者之间是体用关系。而五峰在信中则对程门高第杨时、尹焞以"寂然不动"说"喜怒哀乐之未

---

① 朱熹：《中和旧说序》，《朱熹集》，四川教育出版社，1997年，第3949页。

② 朱子所说的胡宏"与曾吉父"的信，胡宏文集中题为"与僧吉甫书三首"，参见《胡宏集》，中华书局，1987年，第114-117页。

③ 朱熹：《延平答问》，《朱子全书》（第十三册），上海古籍出版社，安徽教育出版社，1999年，第335页。

发"的言论表达了怀疑，依其之意，"寂然不动，感而遂通天下之故"整句均指"已发"者而言。在他看来，"寂然不动"很大程度上指出了圣人与常人对外物之感知的差异。在与外物接触时，圣人是"感物而静"，因此可以真正感知事物本然的样子，这是"尽性"的表现；常人则"感物而动"，常会掺杂各种纷乱的思绪，因而不能够正确地认识事物，这是"不能尽性"的表现。

五峰与朱子此处的差异，实际上源于二者对于"寂然不动，感而遂通"句的不同理解。在五峰而言，"寂然不动"与"感而遂通"所描述的对象不同："寂然不动"与"动静"概念一样，说的是人与外物接触时的心之状态，所以可以说"寂然不动"是"静"；"感而遂通"是"静"之状态下对于事物的认识效果，不是指心之发用的状态，所以不能说"感而遂通"是"动"。而朱子所言"寂然不动"与"感而遂通"、"静"与"动"都是分别描述"未发"者与"已发"者，其实质是心的体用关系，故其仿照"体/用"概念将"寂/感""静/动"双边拆开说。换言之，正是因为二者对《易·系辞上》此句的理解之不同，朱子才会以"寂然不动"说"未发之中"，而五峰则强调"'喜怒哀乐未发'恐说'寂然不动'未得"。由此看来，朱子对五峰《与僧吉甫书》观点的接受程度是非常有限的，似乎谈不上五峰之意适与其意合，所以牟宗三先生认为"此乃不知彼此之情之误认"。①

综上可见，"人自有生"第四书在概念关系与观念结构上相对第一书都要更加清楚，然而，朱子在文本诠释方面仍留下了一些隐患，其心性论也还不足以为他的工夫论提供理论支持，这些都是他接下来要继续纠结的问题，也是催生"中和新说"的关键节点。在"人自有生"第二书与第三书中，他多少意识到了问题的存在，但真正解决仍要等到"中和新说"的心性论结构确立以后。我们留待下文论述，暂且继续看"中和旧说"的第三封信，即"人自有生"第二书。

---

① 牟宗三：《心体与性体》（下），上海古籍出版社，2010 年，第 102 页。

第四节 "人自有生"第二书释义

朱子《与张钦夫》（前书所扣）云：

　　前书所扣，正恐未得端的，所以求正。兹辱诲喻，乃知尚有认为两物之蔽，深所欲闻，幸甚幸甚。当时乍见此理，言之唯恐不亲切分明，故有指东画西，张皇走作之态。自今观之，只一念间已具此体用，发者方往而未发者方来，了无间断隔截处，夫岂别有物可指而名之哉？然天理无穷，而人之所见有远近深浅之不一，不审如此见得又果无差否？更望一言垂教，幸幸。

　　所论龟山《中庸》可疑处，鄙意近亦谓然。又如所谓学者于喜怒哀乐未发之际以心验之，则中之体自见，亦未为尽善。大抵此事浑然，无分段、时节先后之可言。今著一"时"字一"际"字，便是病痛。当时只云寂然不动之体，又不知如何。《语录》亦尝疑一处说存养于未发之时一句，及问者谓当中之时，耳目无所见闻，而答语殊不痛快，不知左右所疑是此处否？更望指诲也。

　　向见所著《中论》有云："未发之前，心妙乎性，既发则性行乎心之用矣。"于此窃亦有疑。盖性无时不行乎心之用，但不妨常有未行乎用之性耳。今下一"前"字，亦微有前后隔截气象，如何如何？熟玩《中庸》，只消着一"未"字，便是活处。此岂有一息停住时耶？只是来得无穷，便常有个未发底耳。若无此物，则天命有已时，生物有尽处，气化断绝，有古无今久矣。此所谓天下之大本，若不真的见得，亦无揣摸处也。①

就此信内容来看，南轩曾针对朱子此前书信所论提出了三点疑问：其一是朱子"有认为'两物'之弊"的本体论观点；其二是杨时《中庸解》有关"未发之际"体验中体的工夫论主张（朱子对此也有质疑）；其三是

---

① 朱熹：《与张敬夫》（前书所扣），《朱熹集》，四川教育出版社，1997年，第1290-1291页。

南轩《中论》的心性关系。后两点质疑实质上是一样的，因此可以说，朱子主要针对两个问题予以答复。

第一个问题是南轩说朱子"有认为两物之弊"，其实意究竟如何，今已不得而知。但从朱子的答复来看，他应是疑虑朱子对于"未发"与"已发"（或是"性"与"心"）二者的划分与论述仍有将它们看成两个事物的倾向，所以朱子才要强调"只一念间已具此体用，发者方往，而未发者方来，了无间断隔截处"。牟宗三先生认为，朱子第一封信所谓"浑然全体应物而不穷"似已充分表达此义，所以南轩的怀疑"只是一时之感觉，并非真有间隙可被指摘"。①

实际上，南轩的"两物"之疑恐怕不只是"一时之感觉"，他的疑问应与"体用"问题有关。这种观点有两个理由：

其一，朱子对"两物"之疑有"深所欲闻"之感，又承认自己"唯恐不亲切分明，故有指东画西、张皇走作之态"，足以说明他亦认为此前书信不足以回应南轩的质疑，还有需要深入阐发的地方。若如牟先生之理解，则朱子此等说法皆沦为无缘由的客气话。

其二，朱子在重申"体用"（或"未发已发"）二者"了无间断隔截处"之后，又接一个转折说："然天理无穷，而人之所见有远近深浅之不一。"并询问南轩："如此见得又果无差否？"就此看来，朱子似乎是想以后者回应南轩的问题。这一转语是很重要的，倘若我们以答案反推问题，朱子所面对的问题之一很可能是：何以"天理"之"体"与"用"不一致？（如人的心理活动不只有"良心萌蘖"，还有"物欲之私"，还会"汩于物欲流荡"）所以他尝试提供了一个粗糙的答案：因为人有认识能力上的差异。

若此推测为真，南轩之所以会产生"两物"的怀疑，便是因为朱子当时的理论设想没办法解释日用间"流行发用"与"天理"之间的不一致之处。当然，朱子在此信中也没有很好地回应南轩的疑问，便转入了下一个问题。

---

① 牟宗三：《心体与性体》（下），上海古籍出版社，1999年，第76页。其实朱子在第二封信（"人自有生"第四书）中所提到的"体用、精粗、动静、本末洞然无一毫之间，而鸢飞鱼跃，触处朗然也"更加明确地表示此意，但牟先生将此信排在第三封，故未提及。

第二个问题是有关杨时的《中庸解》的。杨时所谓"学者于喜怒哀乐未发之际，以心验之，则中之体自见"，其实正是延平所教授朱子的"静中体认"工夫，也是道南学派一脉相承的修身方法，但此时朱子与南轩二人似乎皆对此存疑。朱子认为，杨时在"未发"后常接"时""际"等字，这意味着"未发"有"分段"与"时节"可言，这显然是他所不能接受的。

为了更好地说明朱子此时的想法，我们可以暂且借助他在"中和新说"以后的思想结构，区分出"未发已发"的两个层次的含义。陈来先生曾指出，朱子"中和新说"所讨论的"未发已发"有两层含义：其一，"未发""已发"指心理活动的不同阶段或状态；其二，"未发"指"性之静"，"已发"指"情之动"，"心之体为性，心之用为情"，表明"性"与"情"的体用关系。① 在第一种含义中，"未发"指向的是人在未接触事物时的平静状态，"已发"指向的是人在接触事物后的情感反应或心理活动，这两种状态都可以在时间中被感知。倘若道南学派在此意义上说"未发之时""未发之际"，那么便没有问题（然而道南学派是否都在此意义上说，则可讨论）。在第二种含义中，"未发"之"性"与"已发"之"情"便是"体用"关系，此种"体用"关系在时间上没有先后可言，因为二者本身不属于同一个层次（当然，"中和旧说"阶段朱子的思维框架尚未引入"情"之概念，仍是以"心"与"性"对言）。我们在上文讨论《延平答问》时多次论及，"未发之中"与"已发"之情感有一个超越层与经验层的界分，"未发"者属于超越层，"已发"者属于经验层，此处之"体用"关系亦如是。

在朱子的文本里，"体用"实际上是一个含义丰富故而宽泛的概念，他虽然对"体用"一词有诸多解释，但他的类比解释经常带来层次上的混乱，需要重新做一个梳理。回顾以往研究，钱穆、陈荣捷、张立文、姜真硕、胡勇等人都讨论过朱子哲学中的"体用"问题，其中姜真硕、胡勇等

---

① 陈来：《朱子哲学研究》，生活·读书·新知三联书店，2010年，第203–210页。

人对"体用"概念的用例有较为细致的分析。① 姜真硕将朱子"体用"的基本含义分为实体与其作用、原则与具体运用、本与末、本体与形象、浅隐与显现等五种,他同时也意识到,这五种基本含义"在某种范畴内,彼此交际而凝聚在一起"。② 换言之,这种划分方式虽然紧密结合朱子的原始文本,但不同含义之间多有重叠之处,彼此的边界也不够清晰。按照胡勇所说,朱子"体用"的诸多用例实际上可以划归为两大类:第一类是"实体—功用(动用)",即实体性的事物表现为此实体存在的实际运动或作用;第二类是"本体—作用(实现)",这是相对性概念之间的体用关系,如阴阳之间。③ 胡勇对于朱子文本用例的划分大体上是对的,但有关第二类的表述与举例似乎还有修正的空间。我们可以换一种说法:第一类是现象界(或说时空中)存在者之间的"体用"关系,譬如脚能行走、船能浮水等;第二类是超越者与现象界存在者之间的"体用"关系(用朱子的话说,即"形而上者"与"形而下者"之间的"体用"关系),上述"性情"的体用关系便属此类。

基于对两种"未发已发"意义的区分,我们就可以更好地理解,为什么朱子会认为"此事浑然无分段、时节先后之可言",为什么会认为在"未发"后面加"时""际"等时间性的词汇"便是病痛"。自师从延平到此时领悟"中和旧说",朱子所关注的"未发"者一直是"大本""天理""中体""性"等,这些词汇共同指向那个超越的"形而上者"。这意味着他始终把时空中有先后之分的"未发"(即情感尚未发生时平静的心理状态)放在关注视野之外,所以在其"心性对言"思维框架中,他只看到"寂然不动之体"(此时所理解之"未发")以及人心与事物接触时产生的情感状态(此时所理解之"已发")。出于这一原因,当他看到伊川在《语录》里说到"存养于未发之时"的说法(即与苏季明的对话),便当

---

① 参见钱穆:《朱子论体用》,《朱子新学案》,九州出版社,2011 年;陈荣捷:《朱子言体用》,《朱子新探索》,华东师范大学出版社,2007 年;张立文:《论朱熹的"体"与"用"范畴》,《学术月刊》,1984 年第 7 期;姜真硕:《朱子体用论研究》,北京大学博士论文,2000 年;胡勇:《中国哲学体用思想研究》,南京大学博士论文,2013 年。

② 姜真硕:《朱子体用论研究》,北京大学博士论文,2000 年,第 87 页。

③ 胡勇:《中国哲学体用思想研究》,南京大学博士论文,2013 年,第 381 页。其以"阴阳"为例说明此种体用关系,似不恰当。朱子之"阴阳"概念同属于形而下者,只是气之静与动的分别,朱子对于二者"体用"关系的用例其实更接近第一类。

即产生怀疑。

最后是朱子对于南轩《中论》"未发之前，心妙乎性，既发，则性行乎心之用矣"一句的质疑，认为"前"字也属于时间性的词语，出发点与前面是一致的。① 他强调"只消一个'未'字便是活处"，但没有解释为什么是"活处"。从下文来看，"活处"似乎即活动之处、发用之处，说"未"字就是立足"来得无穷"的活动者、发用者而指认其源头。在此，"未发"近似于朱子所预设的一个形上学前提，如同流水需要有源头，花果需要有种子，因而我们也必须为"天命流行、生生不已"的现象设想一个源头，这就是"天下之大本"。

由此亦可见，尽管南轩的"两物"之疑确实令朱子产生一些困惑，但他仍在做出自圆其说的努力。只是这种坚持并没有持续太久，在"人自有生"第三书（第四封信）中，南轩又提出了"求仁"的工夫论问题，真正触及朱子"中和旧说"的命脉。

第五节 "人自有生"第三书释义

《答张敬夫》（诲谕曲折数条）说：

> 诲谕曲折数条，始皆不能无疑，既而思之，则或疑或信而不能相通。近深思之，乃知只是一处不透，所以触处窒碍。虽或考索强通，终是不该贯。偶却见得所以然者，辄具陈之，以卜是否。大抵日前所见累书所陈者，只是儱侗地见得个"大本达道"底影象，便执认以为是了，却于"致中和"一句全不曾入思议，

---

① 陈来先生指出："实际上张栻这个观点倒较为接近后来朱熹己丑之悟的立场，宜乎其立即复书赞同朱子己丑之说也。"（参见陈来：《朱子哲学研究》，生活·读书·新知三联书店，2010年，第198页）这也是因为张栻对于"未发"的理解与此时的朱子不同，当"己丑之悟"后朱子将时空中的"未发"考虑在内时，其观点也自然向张栻靠拢。牟宗三先生也未否认张栻的观点，他认为："此言'未发之前'当然是就喜怒哀乐之情说。未发之前即是静时。静时见性体昭然呈现，而心不敷施发用，内敛于性而妙之，心与性一，以见性非抽象之空悬，则性体之自存即是心体之渊渟。喜怒哀乐既发，则心体之敷施发用亦随之，而性体即其敷施发用而行乎其中以实之。心性两者融于一而同节乎情，则情之发亦和矣。"［参见牟宗三：《心体与性体》（下），上海古籍出版社，1999年，第80页］但他不认为朱子新说属于此种观点。

所以累蒙教告以求仁之为急，而自觉殊无立脚下功夫处。盖只见得个直截根源倾湫倒海底气象，日间但觉为大化所驱，如在洪涛巨浪之中，不容少顷停泊，盖其所见一向如是，以故应事接物处但觉粗厉勇果增倍于前，而宽裕雍容之气略无毫发。虽窃病之，而不知其所自来也。而今而后，乃知浩浩大化之中，一家自有一个安宅，正是自家安身立命、主宰知觉处，所以立大本、行达道之枢要。所谓体用一源，显微无间者，乃在于此。而前此方往方来之说，正是手忙足乱，无着身处。道迩求远，乃至于是，亦可笑矣。①

由上可知，南轩曾提出不止一条疑问，这些质疑也迫使朱子继续深入思考而为"中和旧说"的观点辩解。从朱子的自述可以看出，他面临的最大问题就是"考索强通，终是不该贯"，即没办法从中拧出一条思想主线，用以诠释《中庸》文本及北宋儒者的言论。

南轩给予朱子的最重要的启发是"求仁之为急"，即应当把"求仁"作为首要问题来解决，这一提醒让朱子把思考焦点放到了工夫论上，于是发现自己无法解释《中庸》的"致中和"问题。他也意识到，按照自己此前对于"心性"的理解，似乎找不到修身工夫的真正下手处。尽管他在"人自有生"第一书中已提到要以"已发"的"良心"为察识与操存的对象，但他未曾注意，"良心"是混杂在同样作为"已发"的其他心理活动之中的，在"事物交来，应接不暇，念念迁革，以至于死"的境况之中，并不能保证所有心理活动都是"良心"之呈现，如此，如何确认"良心"就成了一个首要问题。倘若未解决这一问题便要着手做修身工夫，自然会感到"为大化所驱，如在洪涛巨浪之中，不容少顷停泊"。

在这种"洪涛巨浪"中，朱子所抓住的救命稻草是自家身上作为"安身立命、主宰知觉处"的"安宅"。此"安宅"到底是什么，朱子并未进一步说明。牟宗三先生认为："若问朱子此时对于'安宅'如何理解，彼必不能明澈解答也。对于此安宅之理解只有两途。一是向中和新说之方向走，一是顺旧说第一书中辞语之系络与间架向另一系义理

---

① 朱熹：《答张敬夫》（诲谕曲折数条），《朱熹集》，四川教育出版社，1997年，第1371-1372页。

走。……此书空提出一个安宅，虽是立意甚佳，然其向何方向明澈，并明澈到如何程度，则未敢必也。"① 牟先生将宋明儒学之义理分为"心性是一"的纵贯系统与"心性是二"的横摄系统，此已是朱子学研究者们耳熟能详之论。在他看来，此时朱子若以"天命流行之体""中体""性体""本心"等为"安宅"，则走向纵贯系统，否则只能往以知识讲道德的横摄系统走。

唐君毅先生于此似更能同情朱子之纠结，他说："此即不以大化为主，而以主宰知觉处为主；即已趣向在一不为大化所溢之心体为安宅，而有进于前之即浑然全体之大化为安宅者。大约在其与钦夫书，虽言大化中有安宅，即安宅以识大化，而二者之间，仍未简别开，故曰有病。"② 据此说法，"安宅"即是"主宰知觉处"，是"一不为大化所溢之心体"，朱子前面书信中虽可能隐含此意，但尚未清楚地将此"安宅"从"浑然全体之大化"简别出来。唐先生的考察是准确的，朱子在乾道四年（1168）《答石子重》信中曾提道："'大化之中，自有安宅'，此立语固有病。然当时之意，却是要见自家主宰处。所谓'大化'须就此识得，然后鸢飞鱼跃，触处洞然。若但泛然指天指地，说个大化便是安宅，安宅便是大化，却恐颟顸儱侗，非圣门求仁之学也。不审高明以为如何?"③ 由此可见，朱子此前所说的"大化流行"并不同于牟先生所说的"天命流行之体"。实际上，他将作为"大化流行"之表现的全体意识活动与作为"安宅"的"天命流行之体"颟顸儱侗地混淆在一起。现在经过南轩的质疑，朱子开始觉得"自家主宰处"才是"安宅"，才是做"求仁"之道德实践工夫的落脚点。然而"自家主宰处"具体指的是什么，朱子在此并未继续深入探讨。面对南轩的种种质疑，他不得不回到先秦与北宋诸儒的遗留文本，重新思考如何理解"未发已发"的准确含义，以及如何重新建构一个既能顺适地诠释文本，又能契合实际修身经验的心性结构。

总而言之，"中和旧说"的基本结构便是"心性对言"。根据旧说的思想结构，朱子涉及的其实只有作为情感来源的形而上的"大本"（"未发之

---

① 牟宗三：《心体与性体》（下），上海古籍出版社，1999 年，第 91 页。
② 唐君毅：《朱陆异同探源》，《中国哲学原论·原性篇》，九州出版社，2016 年，第 463 页。
③ 朱熹：《答石子重》（熹去秋之中），《朱熹集》，四川教育出版社，1997 年，第 1981 页。

性"），以及人与事物接触之后所产生的心理反应（属于"已发之心"），而尚未把"新说"所谓"思虑未萌而知觉不昧"的心理状态纳入视野之中。

在心性论方面，"性"与"心"的体用关系，也蕴含着"性"与"情"之间的体用关系。因而在这一阶段，朱子实际上也可以说"性"是未发者，"情"是已发者，亦可以说"性体情用"。只是这一时期，朱子尚未自觉区别情感与思虑、知觉等其他心智活动，因而其情感问题也混杂在"未发已发"的心性问题的讨论之中，"性是未发，情是已发"的思想以及"性体情用"的说法，都要等到"中和新说"以后才逐渐有了明确的表述。

在工夫论方面，"中和新说"引入了"主敬"工夫来保证已发之情感中节而无过与不及，而"主敬"的工夫正是要在情感念虑尚未萌生、知觉清醒的状态中进行，因此可以说，发现此种状态对于朱子后期工夫论而言有着重要的意义。而在旧说阶段，尽管他谈论孟子之"良心"以及《中庸》之"达道"时，也能认识到良心发见即是道德实践的法则与动力之来源，但是以旧说的心性论结构，朱子无法说明人应当如何在纷繁的心智活动中准确识别良心之发见，亦无法回答人应当如何保持住良心发见时所提供的道德实践之动力。

第三章　对湖湘之学的怀疑与出离

建立"中和旧说"之后，朱子认为湖湘学的思想与自己一致，因此他迫不及待地计划与湖湘学者会面讨论。然而这一次会面，他目睹了湖湘学者好空谈、不务实的弊病，这使他大为不满。他由原本倾慕湖湘学开始转向反思和怀疑——为何湖湘学风有如此弊病？正是经由这场反思，他才产生了"中和新说"，并最终建立了自己成熟的思想体系。

第一节　"寻盟"湖湘

一、远赴湖湘之动机

朱子在乾道二年（1166）经历了"丙戌之悟"，便决定与张栻等湖湘学者见面，于是有了其后的湖湘之行。他后来赋诗怀念与南轩相处的这一段时光，诗云：

> 忆昔秋风里，寻盟湘水傍。胜游朝挽袂，妙语夜连床。别去多遗恨，归来识大方。惟应微密处，犹欲细商量。[1]

所谓"寻盟"，乃重温旧盟之意。[2] 朱子认为此前已经和南轩达成一致，而此行则抱有与南轩其他及湖湘学者重温学术与精神上的"同盟"的

---

[1]　朱熹：《有怀南轩老兄呈伯崇择之二友二首》，《朱熹集》，四川教育出版社，1997年，第241页。

[2]　《左传·哀公十二年》子贡曰："今吾子曰，必寻盟。若可寻也，亦可寒也。"杜预注："寻，重也。"孔颖达疏曰："郑玄云：'寻，温也。'引此'若可寻也，亦可寒也'。则诸言'寻盟'者，皆以前盟已寒，更温之使热。温旧即是重义，故以寻为重。"（见《春秋左传正义》，北京大学出版社，1999年，第1665–1666页）

意愿。更详细来说，促成他这次远行有如下因素。

其一，此时延平去世，朱子无人可质问倚靠，他迫切地希望能够与高水平的学者在学术和修身方面相互交流和督促。他在乾道二、三年间就不断对朋友说：

> ……怅怅然如瞽之无目，撨埴索途终日而莫知所适，以是窃有意于朋友之助。顾以鄙朴穷陋，既不获交天下之英俊以资其所长；而天下之士其聪明博达足以自立者，又往往流于词章记诵之习，少复留意于此。熹所以趑趄于世，求辅仁之益，所得不过一二人而已。①
>
> 某块坐穷山，绝无师友之助。②
>
> 动静语默之间，疵吝山积，思见君子，图所以洒濯之者而未可得。③
>
> 奉亲遣日如昔，但学不加进，鄙吝日滋，思见君子以求切磋之益而不可得，日以愦愦，未知所济也。④

无论是感慨无朋友之助，还是感叹思见君子，都表达了朱子此时迫切地需要朋友相互交流切磋。虽然在福建有何镐以及弟子范念德、林用中等人能够往来，但对朱子来说，他们并未能对自己修身进学有较大的助益。而湖南则有五峰门下一众弟子，故朱子亦想结识。

其二，朱子此时刚刚获得"丙戌之悟"，他需要更详尽细致的讨论来印证自己的体会。而他的体会是受湖湘学以及南轩的启发而来的，他此刻对湖湘学亦非常向往，想要更详尽深入地了解。

其三，南轩个人境界和学问之高，让朱子自觉弗如而佩服不已，他称赞："钦夫之学所以超脱自在，见得分明，不为言句所桎梏，只为合下入处亲切。今日说话虽未能绝无渗漏，终是本领是当，非吾辈所及。"⑤ 他此时亦想相聚面谈，以友辅仁。

---

① 朱熹：《答何叔京》，《朱熹集》，四川教育出版社，1997 年，第 1840 页。
② 朱熹：《答罗参议》，《朱熹集》，四川教育出版社，1997 年，第 5239 页。
③ 朱熹：《答何叔京》，《朱熹集》，四川教育出版社，1997 年，第 1861 页。
④ 朱熹：《答何叔京》，《朱熹集》，四川教育出版社，1997 年，第 1865 页。
⑤ 朱熹：《答何叔京》，《朱熹集》，四川教育出版社，1997 年，第 1865 页。

以上各方面因素，成为朱子不远千里奔赴湖南的动机。于是在乾道三年（1167）八月一日，秋气稍凉，他便偕子弟林用中启程往潭州。

二、湖湘之行

朱子八月一日启程，九月八日至潭州。在湖南的两个月里，朱子与南轩进行了全面的学术探讨，包括太极、敬论、仁论等思想，并为南轩写了《张浚行状》。朱子同湖湘学者彪居正、胡实、胡大原、吴翌、胡大时等人进行广泛的接触，并与南轩一起为张孝祥筑的敬简堂做诗文纪念。十一月六日，朱子、南轩和林用中一同往游衡山。十九日，胡实、胡大原等人到云峰寺为朱子一行人钱别，范念德此时从其昆仲处来会，诸人在寺中饮酒作别，并剧论所疑。次日南轩又送朱子一行人至槠州，其间三日两人进行着分别前最后的讨论。据李默《朱子年谱》中记载的范念德之说，朱张二人"论《中庸》之义，三日夜而不能合"，可见二人专注论学之程度。[1]至二十二日夜，南轩以诗相赠，朱子与林用中、范念德等人亦各作答诗，诗中仍一再重申自己的主张。南轩诗云：

> 君侯起南服，豪气盖九州。顷登文石陛，忠言动宸旒。坐令声利场，缩颈仍包羞。却来卧衡门，无愧白日休。尽收湖海气，仰希洙泗游。不远关山阻，为我再月留。遗经得绅绎，心事两绸缪。超然会太极，眼底无全牛。惟兹断金友，出处宁殊谋。南山对床语，匪为林壑幽。白云政在望，归袂风飚飚。朝来出别语，已抱离索忧。妙质贵强矫，精微更穷搜。毫厘有弗察，体用岂周流。驱车万里道，中途可停辀。勉哉共无斁，邈矣追前修。[2]

朱子答诗云：

> 我行二千里，访子南山阴。不忧天风寒，况惮湘水深。辞家仲秋旦，税驾九月初。问此为何时？严冬岁云徂。劳君步玉趾，送我登南山。南山高不极，雪深路漫漫。泥行复几程，今夕宿槠州。明当分背去，惆怅不得留。诵君赠我诗，三叹增绸缪。厚意

---

① 王懋竑：《朱熹年谱》，中华书局，1998年，第32页。
② 张栻：《诗送元晦尊兄》，《张栻集》，中华书局，2015年，第712页。

不敢忘，为君商声讴。

　　昔我抱冰炭，从君识乾坤。始知太极蕴，要眇难名论。谓有宁有迹？谓无复何存？惟应酬酢处，特达见本根。万化自此流，千圣同兹源。旷然远莫御，惕若初不烦。云何学力微，未胜物欲昏。涓涓始欲达，已被黄流吞。岂知一寸胶，救此千丈浑。勉哉共无斁，此语期相敦。①

　　从朱子诗中可见，他此时的思想基本上仍与"中和旧说"时保持一致。所谓"惟应酬酢处，特达见本根"，正是指良心在日用中随处发见，而由此发见处操存体察，便能把握"大本"，这正是湖湘学"本末一致"处。"岂知一寸胶，救此千丈浑"则是"日间但觉为大化所驱，如在洪涛巨浪之中……乃知浩浩大化之中，一家自有一个安宅"② 之意，有此"一寸胶"，就不会被千丈浑流所吞没。

　　二十三日，朱子与南轩辞别，偕林用中与范念德东归，湖湘之旅至此谢幕，而这一次相见，也是朱子与南轩有生中最后一次相见。

第二节　归来之评议与反思

一、湖湘学风之评议

　　若相比于朱子启程前的期待来说，湖湘之行恐怕让他心中有些许失望。乾道三年九月下旬，朱子到长沙半月后，他写信给曹晋叔云：

　　敬夫学问愈高，所见卓然，议论出人意表。……岳麓学者渐多，其间亦有气质醇粹、志趣确实者，只是未知向方，往往骋空言而远实理。告语之责，敬夫不可辞也。③

　　他才刚到半月，在称赞南轩之余，也已经发现湖湘学者有好谈"空

---

① 朱熹：《二诗奉酬敬夫赠言并以为别》，《朱熹集》，四川教育出版社，1997 年，第 211-212 页。
② 朱熹：《答张敬夫》，《朱熹集》，四川教育出版社，1997 年，第 1372 页。
③ 朱熹：《与曹晋叔书》，《朱熹集》，四川教育出版社，1997 年，第 1027 页。

言"的弊病。而归家之后，他又写信给石子重表达了自己的不满和失望：

> 钦夫见处卓然不可及，从游之久，反复开益为多。但其天姿明敏，初从不历阶级而得之，故今日语人亦多失之太高。湘中学子从之游者，遂一例学为虚谈，其流弊亦将有害。比来颇觉此病矣，别后当有以救之。然从游之士，亦自绝难得朴实头理会者，可见此道之难明也。胡氏子弟及它门人亦有语此者，然皆无实得，拈槌竖拂，几如说禅矣。与文定合下门庭大段相反，更无商量处。惟钦夫见得表里通彻，旧来习见微有所偏，今此相见尽觉释去，尽好商量也。①

朱子虽然依旧赞美南轩，但他仍然指出其弟子已经有了好"虚谈"的流弊，而五峰弟子则更严重，不但"无实得"，甚至"拈槌竖拂，几如说禅"。想必朱子此时心中想起了十多年前的自己，当初亦未能"自得"，但是"好同而恶异，喜大而耻于小"，能够在延平面前"说得无限道理"，甚至也会想到湖湘学者看自己亦如当初自己以为延平不懂高深道理一般。正是自己的这种经历，让他此刻非常不满五峰弟子们明明未能"自得"却好谈高论。朱子虽然也表扬南轩，但是此时对其工夫亦已经不满②，对他的表扬如同上文说的对延平"体验未发"工夫的评价一样，仅仅将其视为个人化、特殊化的工夫。南轩因天资聪颖，故能"不历阶级而得之"，但是这不是一般学者正当的进路。

而他认为，湖湘学的这种风气，南轩亦要负责：

> 敬夫高明，他将谓人都似他，才一说时，便更不问人晓会与否，且要说尽他个。故他门人，敏底秪学得他说话，若资质不逮，依旧无着摸。某则性钝，说书极是辛苦，故寻常与人言，多不敢为高远之论。盖为是身曾亲经历过，故不敢以是责人尔。③

南轩太聪明，因此和人说话不管对方是否能理解，也未考虑学者应循

---

① 朱熹：《答石子重》，《朱熹集》，四川教育出版社，1997 年，第 1980 页。
② 曾亦云："朱子如此说南轩，似褒实贬。"参见曾氏著《本体与工夫——湖湘学派研究》，上海人民出版社，2007 年，第 219 页脚注。
③ 黎靖德：《朱子语类》，中华书局，1985 年，第 2605 页。

序渐进，他都直接把道理和盘托出。而从游学子水平未至，即便未能理解，也学着他高谈阔论。而朱子认为学习要稳扎稳打，循序渐进，因此要下钝的功夫。这甚至导致朱子更喜欢"钝"的人："今人之学，却是敏底不如钝底。钝底循循而进，终有得处。敏底只是从头呼扬将去，只务自家一时痛快，终不见实理。"① 钝的人反而能够着实去学，不好空谈，而聪敏的人，则往往喜好议论，而不下切实功夫。朱子这里说"盖为是身曾亲经历过"，正是指他也有这种好高谈的经历，这也正是上文说的初见延平时学禅的经历。后来朱子甚至认为南轩的这种学风导致了其学不传：

> 正淳曰："湖南之从南轩者甚众且久，何故都无一个得其学？"曰："钦夫言自有弊。诸公只去学他说话，凡说道理，先大拍下。然钦夫后面却自有说，诸公却只学得那大拍头。"②

事实上，南轩没后湖湘学即开始衰亡，虽然其中原因甚多，但是朱子指出其中有学风上的问题，亦有其见地。

无论如何，当初朱子心中湖湘学的神话至此已经破灭了，他心中不得不向自己提出一个问题：为何湖湘学者会有这些弊病？这个问题可有两个答案：其一是"人的问题"，即学者们自己修养不够；其二是"学的问题"，即湖湘学本身有缺陷。而由湖南归来时，朱子心中给出的答案是第一个，但是随着时间的推移和自己思考的深入，答案渐渐转换到了第二个。对此问题的反思，隐然成为朱子思想再次飞跃的契机。

此处还有一个问题值得引申，朱子无论是曾在延平去世后撰写《杂学辩》批判杂学，还是此时不满湖湘学，甚至后来视象山学为禅，他都把矛头对准了儒门内部，以一种清理门户的姿态"卫道"。丁为祥指出，从北宋到南宋以至于明代，理学发生着一场"从对佛老的批判精神向理学内部之排拒意识转换"，北宋理学家批判佛老，而到了朱子，"虽然朱子的道统意识也以辟佛排老标宗，但其一生的精力主要用于理学的内部批评；而构成朱子一生之主要担当的历史性任务，则除了对先秦儒学精神的阐发（其阐发本身也是为了展开理学的内部批评），也就主要用于理学的内部批评

---

① 黎靖德：《朱子语类》，中华书局，1985年，第278页。

② 黎靖德：《朱子语类》，中华书局，1985年，第2961页。

了"①。而伴随着批判目标转换的是，朱子的角度由北宋理学家注重的价值观的批判转向认识论的批判，后来明儒罗钦顺继承了这一进路。丁为祥对比了罗钦顺与王阳明，认为罗钦顺展开了理学内部的批判，把心学指为禅学并拒绝禅学的思维，反而是为佛老"送家当"；而阳明不积极反佛，却能进一步吸收佛学进行理论创建，反而是真正意义上有价值的反佛。他进而指出产生这种差异的根本原因在于，阳明之反佛是基于价值观之批判，而罗钦顺则基于朱子开启的认识论之批判。而朱子"将儒佛之辨在道统这一价值观上的分歧归结于认识问题本身就已经存在着道统与学统的颠倒和错置之嫌"②，因而实际上他亦应为罗钦顺所延续的进路负责。

丁氏之说值得简要探讨，他指出的这种由价值观到认识论的转向富有见地，他认为张横渠对佛教的批判既有认识论也有价值观，但其认识论批判是从属于价值观批判的，而到朱子才反过来。然而在事实上，伊川就已经重视在认识论上谈儒释之别了：

> 问释氏理障之说。曰："释氏有此说，谓既明此理，而又执持是理，故为障。此错看了理字也。天下只有一个理，既明此理，夫复何障？若以理为障，则是己与理为二。"③
>
> "释道所见偏，非不穷深极微也，至穷神知化，则不得与矣。"④
>
> "其学譬如以管窥天，谓他不见天不得，只是不广大。"⑤

伊川认为佛教所见的道理本即偏颇不全，因此所行自然也有问题。这种批判明显属于认识论批判，并且他也显然没有把这种认识论批判从属于价值观的批判。因此说这种转换到了朱子才发生，并不严谨。

丁氏还指出了朱子一生注重儒门内部的清理，这确实是朱子的一大特点。然而与其说是朱子个人的问题，毋宁说这正是时代的任务。从北宋五子初步建立起理学的规模之后，其后学却都流入禅学之中，因此朱子生活的时代背景是，理学濒临着危机和边缘化，除了来自政权的打压外（秦桧

---

① 丁为祥：《儒佛因缘：宋明理学中的批判精神与排拒意识》，《文史哲》，2015 年第 3 期。
② 丁为祥：《儒佛因缘：宋明理学中的批判精神与排拒意识》，《文史哲》，2015 年第 3 期。
③ 程颢、程颐：《二程集》，中华书局，2004 年，第 196 页。
④ 程颢、程颐：《二程集》，中华书局，2004 年，第 314 页。
⑤ 程颢、程颐：《二程集》，中华书局，2004 年，第 292 页。

当权时期），在其自身学理层面上，也已经面临被佛老的夹杂所异化的趋势了。这既有故意的因素（有些佛教徒有意以佛说解儒经来接引士大夫），也有无意的因素（程门后学之流于禅学），但理学确实处在岌岌可危的境地中，稍不注意，便有被禅学摄取的危险，这从朱子早年的众多师友皆溺佛就可见这种时代风气。因此，时代的任务是，朱子必须消化北宋的理学遗产，一方面重新整合其理论并对其推演与深化；另一方面要确立其自身的特点，突出理学作为儒学的独特性，并与佛学划清界限。这两点，是理学在这个时期要获得发展的根本要求。

总之，此时已涉精微之域的理学如果没办法与佛学划清界限，就依然没办法克服唐以来"外儒内佛"的"二元世界观"的影响[1]，也会在"三教融通"的思潮下被吞没。[2] 进而言之，如果理学没办法说明它优于佛学，也不可能解决人们为何要选择理学而不选择佛学的问题。而如果这些问题无法解决，那理学真正复兴的时代便也不会来临。这便是朱子面临的时代任务。

因此，客观来说，在此时凡是声称儒佛一致者或任何混杂佛学者，对于理学发展都是一种消极的阻碍因素。今人或许会认为，被朱子视为禅学的象山学以及其后的心学一系，虽然与禅学精神更接近，但仍不失儒学之精神与可识别性。然而人们往往忽视此种现象的前提，即心学得以不失其儒学色彩，恐怕是建立在程朱理学已经足以与禅学抗衡，并且作为官学而成为儒学思想界的底色的基础之上。换句话说，如果没有朱子促使理学兴起使得后来程朱理学作为儒学思想界的底色，而只有象山之学孤峰突起，那么很可能难有后来的影响，儒学亦难会真正成为能够抗衡佛老的力量。王阳明的例子亦很值得反思，阳明学是从朱子学中"转出"的，而不是从象山学直接"继承"而来的，因此其实朱子学才构成了阳明学真正的思想背景，离开了这个背景，亦没有阳明学。概括而言，"心学"之能够更多

---

① 两个概念皆为陈弱水用语。陈氏指出"二元世界观"是中古心灵的普遍特点，而在二元之中，作为"内""本"的佛教显然高于"外""末"的儒学。参见陈氏著《唐代文士与中国思想的转型》，广西师范大学出版社，2009年。尤其是其中《总论》（第67-73页），《墓志中所见的唐代前期思想》（第100-109页），《柳宗元与中唐儒家复兴》（第268-280页）。
② 在思想史上，正可举此一例：南轩在思想上转而与朱子大同小异，正是其学衰亡的客观原因之一。

地吸收禅学因素并兴盛繁荣，乃以程朱理学已经实现了与佛学相抗衡为前提。此说颇为烦琐，故仅简述如此。

因此，朱子之在理学内部展开批判，亦是此时代之任务。如果不能把理学内部的"杂学"成分清理出去，树立起理学自身独特的精神特质，那么理学自身便不能真正独立地壮大起来。正是在这个意义上，韦政通如下的观点与上文亦有相通处：

> 如从思想所表现的特性来看，明道与朱熹似乎是趋向于两极，明道竭力把儒学向境界方面发展，朱熹则自觉地要求向下落实，向下扎根，这种表现虽与哲学家个人的气质有关，但朱熹的发展，实亦与重建儒学的内在要求有关。盖重建儒学，如仅向境界方面发展，除内容的说词不同之外，很难避免向佛、道混同的危机。在重建儒学的过程中，必须重新了解其历史的意义，重新确定原始儒家所肯定的一切有关文献的价值，这样才能重建其历史地位，并确立儒家的领域。这些问题都不是单凭主观的信仰和愿望就能解决得了的，这都是复杂的知识问题，必须逼出处理知识的心态和态度才能着手。真正能充分了解这些问题的重要性的，就是朱熹。①

韦政通在此虽然讨论的是明道注重上达之境界和朱子注重下学之格物的问题，但是其说朱子之重建儒学的问题，则和上文相通。儒学与佛学往往也是在境界上最容易混淆②，因而朱子一生不好谈境界，而只谈下学之工夫。这除了他自己的性格之外，也和他对儒学时代任务的认识相关。

以上是对丁氏谈及朱子转向理学内部批判说法的讨论，以下再对他对朱子以价值观的批判从属于认识论的批判作简要探讨。

其一，丁氏把价值观与认识论分别对应"道统"与"学统"，此似不妥。"道统"是儒家之道的传承统绪，"学统"是儒家学脉传承统绪，本身

---

① 韦政通：《中国思想史》，吉林出版集团有限责任公司，2009年，第803页。
② 心学对佛教的态度比理学更为包容，而其对佛学的主要吸收也正是在境界论上，特别是"心"之"无"的向度，其虽然并未在存有论上放弃儒家"有"的立场，却仍往往因此而被批判为禅学。可参见陈来：《有无之境——王阳明哲学的精神》，生活·读书·新知三联书店，2009年。以及彭国翔：《良知学的展开——王龙溪与中晚明的阳明学》，生活·读书·新知三联书店，2015年。这也表明单在境界论上难以区分儒家与佛教。

不等同于"价值观"与"认识论"。或者可以说,两者之中都有"价值观"与"认识论"的因素。其二,"认识论"的批判比"价值观"的批判更为深入。价值观涉及人的选择,既然是选择,便受到历史文化、民族心理等因素的影响,难有是非对错之可言,如果儒学只停留在这一层面,便只能停留在"佛者夷狄之一法耳"① 这种论断上,只能用"夷夏之辨"来批评佛学,这是北宋理学家也绝不会满足的。而只有上升到认识论的层面,才有"真假""对错"可言。在此层面上的批判,才足够有力,才能够促进儒学在理论上的发展。因此从"价值观"批判转向"认识论"批判恐怕是一个理学发展的客观趋势。事实上,阳明著名的"厅堂之喻"中,亦不仅仅是在"价值观"批判的层面。他说:"但后世儒者不见圣学之全,故与二氏成二见耳……圣人与天地民物同体,儒、佛、老、庄皆吾之用,是之谓大道。二氏自私其身,是之谓小道。"② 这里认为儒者若见圣学之全,便可以取佛老为用,而若反问为何佛老只有小用不能兼用儒学呢?阳明亦将会以其"不见圣学之全"来作答。可见阳明这里依然是把不同选择与"见"相关联,这亦是上升到认识论的层面了。因此,朱子的这种角度的"转换",乃是其学术深入的表现。丁氏所举罗钦顺与王阳明的例子,本身比较复杂,不能仅仅归约为批判角度的不同。

本节对丁氏提出的两个问题进行了探讨,其实是借机对朱子讥评湖湘学空谈而进行的一个扩展,而由此亦可见朱子思想发展有学术史的客观要求在,而不能简单地归结到个人性格问题上。

二、《艮斋铭》——"建立此个宗旨相与守之"

上文已说,对于湖湘学者空谈的风气,朱子对曹晋叔说"告语之责,敬夫不可辞也",对石子重则说"别后当有以救之",可以推测他必已向南轩反馈了这一问题。于是我们可以发现,南轩于次年(即乾道四年,1168年)就在湖湘学内部进行了批判和检讨。此年三月,他写作了《胡子知言序》,在常规性地介绍了五峰及其思想之后,特别提及:

> 今之异端直自以为识心见性,其说诪张雄诞,又非当时之

① 韩愈:《论佛骨表》,《韩昌黎文集校注》,上海古籍出版社,1986 年,第 613 页。
② 王守仁:《王阳明全集》,上海古籍出版社,2016 年,第 1423 页。

比，故高明之士往往乐闻而喜趋之，一溺其间，则丧其本心，万
事隳弛，毫厘之差，霄壤之缪，其祸盖有不可胜言者……若乃不
得其意而徒诵其言，不知求仁而坐谈性命，则几何其不流于异端
之归乎！①

他特别在此序中对佛老异端进行了批评，并对那些"不得其意而徒诵
其言，不知求仁而坐谈性命"的"好空言"的学者提出了警戒。在其师著
作的序文中特地对此进行批评，恐怕难说没有深意，这当是朱子反馈意见
后的结果。

然而，湖湘学者彪居正见到此序，便致书南轩表达了不满。南轩答
之云：

《知言序》可谓犯不韪，见教处极幸……来书虽援引之多，
愈觉泛滥。大抵是舍实理而驾虚说，忽下学而骤言上达，扫去形
而下者而自以为在形器之表。此病恐不细，正某所谓虽辟释氏，
而不知正堕在其中者也。故无复穷理之工，无复持敬之妙，皆由
是耳。②

南轩此书自谓《知言序》"犯不韪"，想必是因彪氏对其序有所不满而
自谦之言。彪氏之书今不存，不知其不满的内容具体为何。不论如何，南
轩仍在此信中批评了彪氏的"虚说"有躐等之弊，这种看法与朱子此前批
评湖湘学者的"空言"如出一辙。据此，一可再次证明南轩《知言序》中
的批评是朱子的意见，二可推测彪氏的不满或许与《知言序》中的批评暗
指自己相关。但此时南轩明显已经站在了朱子的立场上，有意纠正湖湘学
者的这些弊病。

相比于彪居正的不满，朱子则对此序表达了赞许。他对林用中说：
"《知言序》如所论，尤有精神，又照管得前来贯穿，甚善甚善！"③ 除了
南轩在序中用了他批评"空言"之弊的意见外，朱子还认为此序补救了五
峰学之流弊：

---

① 张栻：《胡子知言序》，《张栻集》，中华书局，2015 年，第 975-976 页。
② 张栻：《答彪德美》，《张栻集》，中华书局，2015 年，第 1140 页。
③ 朱熹：《答林择之》，《朱熹集》，四川教育出版社，1997 年，第 2053 页。

《知言》首章即是说破此事，其后提掇仁字，最为紧切，正恐学者作二本三本看了。但其间亦有急于晓人而剖析太过，略于下学而推说太高者，此所以或启今日之弊。序文之作，推明本意，以救末流，可谓有功于此书而为幸于学者矣，尚何疑之有哉？①

那么南轩之序文如何有功于五峰呢？《知言》首章云："诚者，命之道乎！中者，性之道乎！仁者，心之道乎！惟仁者为能尽性至命。"②南轩在序中引及此曰：

> 又曰："诚者，命之道乎！中者，性之道乎！仁者，心之道乎！"而必继之曰："惟仁者为能尽性至命。"学者诚能因其言而精察于视听言动之间，卓然知夫心之所以为妙，则性命之理盖可默识，而先生之意所以不异于古人者，亦可得而言矣。③

五峰在此首章讨论了"诚""中""仁"，朱子认为如果仅仅只说此三句的话，是有严重流弊的。何以言之？此三句皆只谈本体，不谈工夫，对于一般人来说，皆有"命""性"与"心"，但是并非当下即"诚""中"与"仁"，必须经过工夫才能够呈现此本体，达到此境地。而如果只说此三句，学者便会舍工夫而谈此本体，就有朱子"略于下学而推说太高"的问题。而南轩在此强调："必继之曰：'惟仁者为能尽性至命。'"最后这句其实正是对前三句的补充和限定，并带入了工夫。"命""性"与"心"虽然人人皆有，但是只有"仁者"才能够"尽性至命"，只有"仁者"才能够"尽心"。那么学者要修身，就应该要在"仁"处做工夫。南轩通过对此条的分析，正是要向学者们昭示五峰之学本非如异端好空谈，乃是学者不善领会方有流弊。进而他也再次强调了学者要在日用间精察此心之已发，操而存之，便可识性命之理。正是南轩这番强调，朱子认为这既"推明"了五峰本意，也能够"补救"其过高言论之弊，因而大有功。

上文我们曾经提出，朱子在湖南之行后，面对湖湘学者"拈槌竖拂，

---

① 朱熹：《答张钦夫》，《朱熹集》，四川教育出版社，1997年，第1303页。
② 胡宏：《知言》，《胡宏集》，中华书局，1987年，第1页。
③ 张栻：《胡子知言序》，《张栻集》，中华书局，2015年，第975–976页。

几如说禅",他心中便会自问原因何在,而答案有两种:"人的问题"或
"学的问题"。在此处我们可以看出,朱子虽然认为五峰"剖析太过""推
说太高"造成此流弊,但并未归咎于其思想本身,可见他此时认为真正的
原因在于"人的问题"。所以他和南轩批评湖湘学者,亦只是批评他们个
人不做扎实工夫而已。相对于消极方面的批判和指谪,他们亦想通过积极
的方式进行补救,这就是对工夫论进行明确的阐明和规范。于是,我们便
会发现朱张这一年的注意力都集中在工夫论上,而二人论学的成果,就是
《艮斋铭》。

约在是年五月,南轩为好友魏掞之的"艮斋"作铭,南轩合《易》与
《大学》之义,完成了《艮斋铭》。此铭虽为南轩所作,但朱子曾称"近
日相与考证古圣所传门庭",可见他们对此有过讨论。[①] 可以说,此铭反映
的是朱张二人共同的思想。《艮斋铭》曰:

> 物之感人,其端无穷。人为物诱,欲动乎中。不能反躬,殆
> 灭天理。圣昭厥猷,在知所止。天心粹然,道义俱全。是曰至
> 善,万化之源。人所固存,曷自违之。求之有道,夫何远而。四
> 端之著,我则察之。岂惟虑思,躬以达之。工深力到,大体可
> 明。匪由外铄,如春发生。知既至矣,必由其知。造次克念,战
> 兢自持。事物虽众,各循其则。其则匪它,吾性之德。动静以
> 时,光明笃实。艮止之妙,于斯为得。任重道远,时不我留。嗟
> 我同志,勉哉勿休。繄我小子,惧弗克力。咨尔同志,以起
> 以披。[②]

此铭结合了《乐记》《大学》《易传》《孟子》的思想,而工夫进路仍
是湖湘学察识的进路。由于外物不断感人,人为之所感而产生纷扰的欲
望,如果不做工夫便会灭天理。而南轩提出工夫就在"知止",《大学》云
"知止而后有定,定而后能静,静而后能安,安而后能虑,虑而后能得",
把"知止"作为工夫的下手处。《大学》又云"止于至善",南轩便把
"知止"理解为要知"至善",于是他说:"天心粹然,道义俱全。是曰至

---

① 朱熹:《答程允夫》,《朱熹集》,四川教育出版社,1997 年,第 1921–1922 页。
② 张栻:《艮斋铭》,《张栻集》,中华书局,2015 年,第 1308 页。

善，万化之源。"他认为"至善"原本就在本心中，因而"知止"的工夫就落实到了本心之上。他进而提出"求之有道，夫何远而。四端之著，我则察之"。工夫下手处就是在察识四端之发，这便是湖湘学的基本工夫宗旨。而察识到此心，便要操存扩充，察识属知，操存属行，因而南轩说"知既至矣，必由其知"，已经"知"（察识）此四端了，就要"由"（践履操存）此已知者。这种践履的操存工夫，也被他形容为"战兢自持"，这也即涵养之工夫。

南轩《艮斋铭》是湖湘学工夫论的系统表述，他把五峰原本较为分散的讨论加以整合、提炼，以更精练的方式表达出来，并且系统地整合了诸多经典，成为湖湘学的经典文本之一。朱子对此铭非常欣赏，他对曾季貍和程洵说：

> 其言虽约，然《大学》始终之义具焉，恐可置左右也。①
> 《艮斋铭》便是做工夫底节次，近日相与考证古圣所传门庭，建立此个宗旨，相与守之。②

可见此铭确实反映了朱子此时的工夫论思想，他亦以此为"宗旨"。而正如上文所论，他之所以要在此年和南轩确立工夫论的"宗旨"，正是鉴于湖湘学的流弊而作的积极补救。而建立此"宗旨"之稍后，朱子在思想上甚至发展出了一种"极端"的看法：

> 若使道可以多闻博观而得，则世之知道者为不少矣。熹近日因事方有少省发处，如"鸢飞鱼跃"，明道以为与"必有事焉，勿正"之意同者，今乃晓然无疑。日用之间，观此流行之体初无间断处，有下工夫处，乃知日前自诳诳人之罪盖不可胜赎也。此与守书册、泥言语全无交涉，幸于日用间察之，知此则知仁矣。③

在初秋致何镐的这封信中，朱子一方面表达了"于日用间察之，知此则知仁矣"的察识工夫，另一方面竟然说求道无关于读书，这种"不必读

---

① 朱熹：《与曾裘父》，《朱熹集》，四川教育出版社，1997 年，第 1719 页。
② 朱熹：《答程允夫》，《朱熹集》，四川教育出版社，1997 年，第 1921–1922 页。
③ 朱熹：《答何叔京》，《朱熹集》，四川教育出版社，1997 年，第 1869–1870 页。

书"式的表达在朱子一生中实属罕见，与后来他批评的不读书的象山基本一致。① 朱子此时与南轩建立起工夫论的宗旨后，体认到工夫下手处全在察识此心，方才有此惊骇之论。无怪乎阳明在《朱子晚年定论》中将其收录，认为是"晚岁固已大悟旧说之非"的产物。②

相比于《艮斋铭》，南轩在此时所作的另外两篇作品《克斋铭》与《敬斋铭》则较少被注重，但此两篇文章，其实可以被视为《艮斋铭》的补充，而且也是此时注重工夫论思想背景下的产物。

三、《克斋铭》与《敬斋铭》

《克斋铭》所作时间，约在朱子尚在湖南到乾道四年（1168）初之间，比《艮斋铭》时间更早。此时南轩已经开始注重工夫论了。铭云：

> 惟人之生，父乾母坤。允受其中，天命则存。血气之萌，物欲斯诱。日削月朘，意鲜能久。越其云为，匪我之自。营营四驰，扰扰万事。圣有谟训，克己是宜。其克伊何？本乎致知。其致伊何？格物是期。动静以察，晨夕以思。良知固有，匪缘事物。卓然独见，我心皦日。物格知至，万理可穷。请事克己，日新其功。莫险于人欲，我其平之；莫危于人心，我其安之。我视我听，勿蔽勿流；我言我动，是出是由。涵濡泳游，不竞不絿。允蹈彝则，靡息厥修。逮夫既克，曰人而天。悠久无疆，匪然而然。为仁之功，于斯其至。我稽古人，其惟颜氏。于穆圣学，具有始终。循循不舍，与天同功。请先致知，以事克己。仁远乎哉？勉旃吾子！③

其实此铭中就已经有《艮斋铭》的意味了。其结构亦与《艮斋铭》相近，先由人为物欲所昏引出问题，然后提出解决方法"圣有谟训，克己是宜"，这与《艮斋铭》"圣昭厥猷，在知所止"不同，这是"铭"本身的立意不同所致。在此铭中，南轩主要结合了《大学》"格物致知"与湖湘

---

① 顾宏义将此信时间系于初秋。参见顾氏著：《朱熹师友门人往还书札汇编》，上海古籍出版社，2017年，第849页。

② 王守仁：《朱子晚年定论》，《王阳明全集》，上海古籍出版社，2016年，第145页。

③ 张栻：《克斋铭》，《张栻集》，中华书局，2015年，第1307-1308页。

学察识的思想。值得注意的是，他说："其克伊何？本乎致知。其致伊何？格物是期。动静以察，晨夕以思。良知固有，匪缘事物。卓然独见，我心皦日。物格知至，万理可穷。"他实际上把"致知"理解为达致"良知"，把"格物"理解为"动静以察"的"察识"。因而"格物致知"在他这里，被理解为湖湘学"察识"的工夫。人在四端发见的时候察识之，便是"格物"；由此四端能够见性体，便是"致知"。

《敬斋铭》亦在乾道四年时作，其中云：

> 天生斯人，良心则存。圣愚曷异，敬肆是分。事有万变，统乎心君。一颓其纲，泯焉丝棼。自昔先民，修己以敬。克持其心，顺保常性。敬匪有加，惟主乎是。履薄临深，不昧厥理。事至理形，其应若响。而实卓然，不与俱往。动静不违，体用无忒。惟敬之功，协乎天德。嗟尔君子，敬之敬之。用力之久，其惟自知。勿惮其艰，而或急遽。亦勿迫切，而以不常。毋忽事物，必精吾思。察其所发，以会于微。忿欲之萌，则杜其源。有过斯改，见善则迁。是则天命，不遏于躬。鱼跃鸢飞，仁在其中。①

此铭虽然讨论敬，但亦可清晰见处湖湘学"察识"工夫的进路。人本有良心，但容易放失，而"敬"正是"持其心"的方法。其中"事至理形，其应若响"是本心或四端随事之发见，"而实卓然，不与俱往"是此本心不随事迁，"察其所发，以会于微"则是察识此四端发见便可把握本心。而"敬"之工夫的内涵在此实际上就是操存，这也正是五峰的提法："操吾心，谓之敬。"② 因此南轩此铭依然贯彻着五峰的教法。

以上三铭，都在这一段时期内写成，并非偶然。三铭中，无论是《艮斋铭》的"知止"，还是《克斋铭》的"格物致知"，或是《敬斋铭》的"主敬"，都以湖湘学"察识"工夫为基础，用不同而更具体的工夫进行的再次表达，三铭共同构成了南轩对"察识"工夫的较为完备的理解。而正如上文所说，此时对工夫论的重视，应当是与朱子的批评相关的。

---

① 张栻：《敬斋铭》，《张栻集》，中华书局，2015年，第1309页。
② 胡宏：《知言》，《胡宏集》，中华书局，1987年，第22页。

四、"己丑之悟"前朱子的主敬思想

在讨论"己丑之悟"前，还需要对朱子"主敬"的思想作一阐述。

"敬"虽然是二程重要的讲法，但是延平并不怎么谈，朱子后来回忆说："李先生当时说学，已有许多意思。只为说'敬'字不分明，所以许多时无捉摸处。"① 考察朱子早年的书信，亦较少涉及对"敬"的阐发。事实上，重视"敬"是湖湘学的传统，五峰云：

> 天道至诚，故无息，人道主敬，所以求合乎天也。孔于自志学至于从心所欲不逾矩，敬道之成也。敬也者，君子之所以终身也。②

> 敬者，圣门用功之妙道也。③

而朱子后来对"敬"的重视，正是受到了五峰"居敬"之说的影响。在乾道元年（1165）④，他就对江泳说："五峰胡先生者，亦曰'居敬所以精义也。'此言尤精切简当，深可玩味。"⑤ 而到乾道二年（1166）的丙戌之悟，他亦用此概念：

> 天下之理其果在是，而致知格物、居敬精义之功，自是其有所施之矣。⑥

> 由是而克己居敬，以终其业，则日用之间亦无适而非此事矣。⑦

他明确把"居敬"的工夫置于"察识"此心之后，因此才有"自是其有所施之""由是而克己居敬"的说法。他虽然明确了"敬"所施的位置，但并未对其内涵深入探讨。

而到了乾道三年（1167）初（"人自有生"第四书尚未作），朱子在

---

① 黎靖德：《朱子语类》，中华书局，1985 年，第 2603 页。
② 胡宏：《知言》，《胡宏集》，中华书局，1987 年，第 28 页。
③ 胡宏：《知言》，《胡宏集》，中华书局，1987 年，第 34 页。
④ 参见顾宏义：《朱熹师友门人往还书札汇编》，上海古籍出版社，2017 年，第 1177 页。
⑤ 朱熹：《答江元适》，《朱熹集》，四川教育出版社，1997 年，第 1732 页。
⑥ 朱熹：《答张钦夫》，《朱熹集》，四川教育出版社，1997 年，第 1373 页。
⑦ 朱熹：《答何叔京》，《朱熹集》，四川教育出版社，1997 年，第 1843 页。

与何镐的信中论"敬"来克服"躁妄之病"时，却出现了一次"歧出"，他说：

> 尝窃思之，所以有此病者，殆居敬之功有所未至，故心不能宰物，气有以动志而致然耳。若使主一不二，临事接物之际，真心现前，卓然而不可乱，则又安有此患哉？或谓子程子曰："心术最难执持，如何而可？"子曰："敬。"又尝曰："操约者，敬而已矣。惟其敬足以直内，故其义有以方外。义集而气得所养，则夫喜怒哀乐之发，其不中节者寡矣。"孟子论养吾浩然之气，以为集义所生，而继之曰"必有事焉而勿正，心勿忘，勿助长"也。盖又以居敬为集义之本也。夫"必有事焉"者，敬之谓也。若曰其心俨然，常若有所事云尔。夫其心俨然肃然，常若有所事，则虽事物纷至而沓来，岂足以乱吾之知思？而宜不宜、可不可之机，已判然于胸中矣。如此则此心晏然有以应万物之变，而何躁妄之有哉？①

朱子反思感觉自己有"躁妄之病"，他虽然已经意识到要在日用间随着本心之"已发"做工夫，但仍有仓促忙乱之感，"无立脚下工夫处"。正如前文所说，朱子原本已经把"居敬"放在"察识"之后了，是体察良心之后进行的。于是他反思，明明已经能够体察良心为何还是躁妄不安，或许是此时"主敬"工夫不够。然而此下发生了滑转。

若按朱子本意，或许要说，在体察到良心时，用主敬之功以操存此心，扩充此心，便能挺立此心，发挥其主宰作用。"殆居敬之功有所未至，故心不能宰物"则是表示，如果此时不能主敬操存，此发见良心就会消亡而失去主宰作用。然而在其论述中，滑转为"若使主一不二，临事接物之际，真心现前，卓然而不可乱"，在这种表达中，"真心"却成为"主敬"的结果，"主敬"反而成为条件。换言之，朱子本来是把"主敬"视为"真心"发见后加强其力量的工夫，在论述时却滑转为"真心"出现的条件。这一滑转导致了后文整体的偏差。

他继续引入程子论敬的说法，讨论到"集义""养气"的问题，然后

---

① 朱熹：《答何叔京》，《朱熹集》，四川教育出版社，1997年，第1849页。

把"必有事焉"视为操存的"敬",说:"若曰其心俨然,常若有所事云尔。夫其心俨然肃然,常若有所事,则虽事物纷至而沓来,岂足以乱吾之知思?"至此,"主敬"一来成为独立工夫(不施于良心之发见),二来成为先行的工夫(不后于良心之发见),三来成为克服"躁妄之病"的完整的工夫("察识"的工夫不见了)。这种对"敬"的理解,反而更像后来他主张"未发"时主敬涵养。

然而朱子不久就发现了他的错误,在同年六月,他对何镐说:

> 向来妄论持敬之说,亦不自记其云何。但因其良心发见之微,猛省提撕,使心不昧,则是做工夫底本领。本领既立,自然下学而上达矣。若不察于良心发见处,即渺渺茫茫,恐无下手处也。中间一书论"必有事焉"之说,却尽有病。①

此书说自己已经忘记了先前"持敬"的说法,这种否定和忘记,亦可表明前说在朱子思想中持续时间很短,并且朱子无真正切身体验。此外,这里也否定了前书对"必有事焉"的解说。更重要的是此处对"敬"进行了重新阐发和规定。此书时间后于"人自有生"第四书,因此是在其基础上进行的发展。他指出"敬"是在"良心发见"处进行"猛省提撕",从而使此微弱的本心挺立起来;而如果不待良心发见,"敬"便无处用功。对此可以简要概括:"敬"的内容是"猛省提撕",前提是"良心发见",目的是"使心不昧"以至于"上达",这就对"敬"的思想内涵进行了完整而明确的规定。

至此,朱子在"中和旧说"背景下的"敬"之思想也达到成熟。此年春夏间,他与弟子许升讨论"惟敬故活"时,亦指出"敬"不是死板的工夫,而是"活"的工夫。②而在稍后的湖南之行中,朱子与南轩在这一问题上的观点也基本达成一致。

---

① 朱熹:《答何叔京》,《朱熹集》,四川教育出版社,1997年,第1865页。
② 朱熹:《答许顺之》,《朱熹集》,四川教育出版社,1997年,第1778页。

第四章 "中和新说"的形成与发展

经历了湖湘之行，朱子对湖湘学的崇拜之情已然破灭，但他与张南轩的往来论学仍在继续。在此过程中，朱子逐渐回到道南学术与湖湘学术的源头，也就是二程的学说。他在《中和旧说序》中说：

> 乾道己丑之春，为友人蔡季通言之，问辨之际，予忽自疑斯理也，虽吾之所默识，然亦未有不可以告人者。……则复取程氏书，虚心平气而徐读之。未及数行，冻解冰释，然后知情性之本然，圣贤之微旨，其平正明白乃如此。……于是又窃自惧，亟以书报钦夫及尝同为此论者。①

朱子是在乾道己丑年（1169）与弟子蔡元定（字季通）讨论问题的时候，忽然对"中和旧说"的心性论结构产生了怀疑。前已提到，朱子旧说心性论结构实际上与二程的很多说法都有出入，譬如伊川自己在《与吕大临论中书》中就已承认不妥的"凡言心者皆指已发"的说法，在朱子旧说中却被奉为圭臬。面对南轩在信中的质疑，以及蔡元定关于二程言论的追问，朱子又陷入了一种"纠纷而难明"，"冥迷而难喻"② 的境地，这使他不得不正视二程遗留的文本。他意识到，即便是程门子弟的记录而不是二程亲笔著述，也应当大体上反映出二程的真实思想而不至于有太大的谬误。因此，他又重新回到二程文本，虚心平气地仔细阅读并加以思索，顿时感到此前疑惑"冻解冰释"。

经历这次"己丑之悟"，朱子的思想进入了一个迅速发展的阶段。在心性论方面，他对于"已发未发"问题提出了新的解答，并在与师友门人

---

① 朱熹：《中和旧说序》，《朱熹集》，四川教育出版社，1997 年，第 3949–3950 页。
② 朱熹：《中和旧说序》，《朱熹集》，四川教育出版社，1997 年，第 3949 页。

的往复讨论中逐渐形成"心统性情"的心性论框架；在工夫论方面，他逐步由此前"先察识而后存养"转变为"先涵养而后察识"的工夫进路，并特别拈出此前未曾重视的"主敬涵养"这一段"本领工夫"。

第一节 《已发未发说》：对旧说之反思

朱子进入"中和新说"阶段的第一篇重要文本是《已发未发说》，写于乾道五年（1169）。《已发未发说》内容如下：

> 《中庸》未发已发之义，前此认得此心流行之体，又因程子凡言心者皆指已发之云，遂目心为已发，而以性为未发之中，自以为安矣。比观程子《文集》《遗书》，见其所论多不符合，因再思之，乃知前日之说，虽于心性之实未始有差，而未发已发，命名未当，且于日用之际欠却本领一段工夫，盖所失者不但文义之间而已。因条其语而附以己见，告于朋友，愿相与讲焉。恐或未然，当有以正之。
>
> ……（笔者按，所引二程文本略）
>
> 右据此，诸说皆以思虑未萌，事物未至之时为喜怒哀乐之未发。当此之时，即是心体流行，寂然不动之处，而天命之性体段具焉。以其无过不及，不偏不倚故谓之中，然已是就心体流行处见，故直谓之性则不可。吕博士论此大概得之，特以中即是性，赤子之心即是未发，则大失之，故程子正之。（解中亦有求中之意，盖答书时未暇辨耳。）盖赤子之心动静无常，非寂然不动之谓，故不可谓之中。然无营欲知巧之思，故为未远乎中耳。未发之中，本体自然，不须穷索。但当此之时，敬以持之，使此气象常存而不失，则自此而发者其必中节矣。此日用之际本领工夫。其曰却于已发之处观之者，所以察其端倪之动而致扩充之功也。一不中则非性之本然，而心之道或几乎息矣。故程子于此每以敬而无失为言。又云"入道莫如敬，未有能致知而不在敬者"，又曰"涵养须是敬，进学则在致知。"以事言之，则有动有静；以心言之则周流贯彻，其工夫初无间断也，但以静为本尔。（周子

所谓主静者，亦是此意。但言静则偏，故程子又说敬。）向来讲论思索，直以心为已发，而所论致知格物，亦以察识端倪为初下手处，以故缺却平日涵养一段功夫，其日用意趣，常偏于动，无复深潜纯一之味。而其发之言语事为之间，亦常躁迫浮露，无古圣贤气象，由所见之偏而然尔。程子所谓"凡言心者皆指已发而言"，此却指心体流行而言，非谓事物思虑之交也。然与《中庸》本文不合，故以为未当而复正之，固不可执其已改之言而尽疑论说之误，又不可遂以为未当而不究其所指之殊也。周子曰"无极而太极"，程子又曰"人生而静以上不容说，才说时，便已不是性矣。"盖圣贤论性，无不因心而发，若欲专言之，则是所谓无极而不容言者，亦无体段之可名矣。未审诸君子以为如何？①

他首先反思了旧说存在的三个问题：

第一，他意识到伊川所谓"凡言心者皆指已发"并不是准确的表达，自己旧说的思想也与二程《文集》与《遗书》中的观点多有不合。

第二，他认为旧说所体会到的"心性之实"并没有偏差，但是"未发"和"已发"之名与"心性之实"的对应出现了问题。旧说所确认的"心性之实"，陈来先生认为有两点，一是"人只要生存，心的作用就不会停止（即心体流行无所间断）"，二是"性作为内心本质始终是通过他者表现，自身是隐而不发的"。②

第三，虽然只是"未发"与"已发"命名上的问题，但此种对于心性的理解必然导致缺少一段"本领工夫"。所谓"本领工夫"，即是从"大化"中找到"安宅"的工夫，即保证"已发"者纯然是良心而不掺杂其他私欲的工夫。因此，问题就不仅是命名未当。

针对上面的问题，朱子梳理了二程关于"已发未发"的论述（主要是伊川《与吕大临论中书》《与苏季明论中和》以及明道的一些语录），并在此基础上提出自己的理解。在新的理解中，"已发未发"的主语已经从旧说的"大本"变成了喜怒哀乐之情感，这也导致了"已发未发"所表达的含义发生了变化，而正是这种转变，让旧说所欠缺的"立脚下功夫处"

① 朱熹：《已发未发说》，《朱熹集》，四川教育出版社，1997年，第3526-3529页。
② 陈来：《朱子哲学研究》，生活·读书·新知三联书店，2010年，第203页。

成为可能。其改变主要有以下三点：

其一，关于"未发"之义，朱子发现二程以"思虑未萌，事物未至之时"来理解《中庸》所说的"喜怒哀乐之未发"。此即上文提到的五峰所谓"寂然不动"之状态，朱子此处之理解终于向五峰靠拢，不再以"寂然不动"形容"性"，而是用以形容"心"。这个意义的"未发"亦不再指称"大本"和"性"，而是喜怒哀乐情感尚未发生的心理状态。因为情感尚未发生，便无所谓程度与偏向，也无所谓中节与否，因而可以称为"中"。此"中"实际上是作为心理状态之一的"中之气象"，而不是如旧说时指称"大本"或性理之"中"。① 在朱子此时看来，他无疑找到了延平所谓"未发时气象如何"的答案。同时，他也批评了吕大临"中即是性"的说法。如前所说，他对于"性之实"的看法没有改变，因为"性"作为内心本质仍然是"隐而不发"者，而"中之气象"已经属于"心体流行"阶段，所以不能称为"性"，只能说"天命之性体段具焉"。此种说法并不意味着"性"自身有"体段"可言，朱子亦在文末强调"性"其实"无体段之可名"，故此处只是说"中之气象"是"性"在"心体流行"层面上的本然流露。

其二，关于"已发"之义，朱子认为伊川所谓"凡言心者皆指已发"中的"心"与"已发"本意是指"心体流行"之总体，包括心之"思虑未萌"的平静状态以及思虑萌发的活动状态两个阶段，而不是如其旧说所理解的只是思虑萌发的状态。同时，他也发现伊川纠正了这一说法，因为其对"已发"的用法与《中庸》不合。实际上，朱子旧说的"已发"正契合《中庸》之义，旧说的错误并不在于对"已发"的理解，而在于误认为"已发"便是"心体流行"之全部。② 虽然伊川"凡言心者皆指已发"的表述有问题，但他对"心体流行"之总体的观察是准确的，所以朱子主

---

① 朱子在乾道八年（1172）秋《答张敬夫》一书中便论及"中"之义只是"不偏不倚，无过不及"，但可以用来形容不同的对象。在程颐的论述中，"中"形容的对象有二：一是喜怒哀乐未发、一性浑然的状态，或说"状性之体段"，即所谓"在中"之义；二是形容事物上恰好的道理，或说"形道之实"，即所谓"中之道"。参见《朱熹集》，四川教育出版社，1997年，第1316-1317页。

② 正如陈来先生指出，所谓"心体流行"是指"心的不间断的作用过程"，"心体"之"体"是总体之义，而非本体之义。参见陈来：《朱子哲学研究》，生活·读书·新知三联书店，2010年，第190页。

张"不可遂以为未当而不究其所指之殊",而选择用"心体流行"一词来取代伊川的"已发",并用以涵盖其《已发未发说》的"未发"与"已发"二者。此时二者就不是"大本"的体用关系,而只是心在接触事物前后的两种不同状态。这两种状态都可以在时空中被把握,所以也无须再计较旧说的"时""际"等问题。

其三,引入了"持敬"的工夫,主张"先涵养而后察识"。朱子旧说之所以主张"先察识后涵养",是因为他看到"大本"发显为良心是自然且必然的过程,问题的重点似乎在于如何保持住良心。因此,他认为在良心(或说四端)发见之时做察识的工夫,然后加以涵养持守,就足以恰当地应对日常生活中的任何事物。然而在具体修身实践中的"洪涛巨浪"之感,让他找不到良心发见之端倪,于是意识到旧说的理论中没有"立脚下功夫处"。而在《已发未发说》中,尽管他认为"未发"时没有任何思虑活动,而可称之为"中",但一方面此种状态有赖于人自身之维持,另一方面此种状态也不能保证在接触事物后产生的情感必然中节而可称之为"和"。为此,朱子强调未发之时必须以"敬"来涵养。"敬"在此处有两个作用,一是确保未发之时处于"中"之状态,二是确保"未发之中"必然"发而皆中节",所以他将"敬"看作旧说所缺少的"本领工夫"。[①] 在"敬"之工夫保证下所显现的情感端倪,即"良心发见",即"四端之心"。自此,湖湘学派重视的"察识"工夫才有施加的对象,才能进一步谈论孟子的"扩而充之"工夫以及《大学》的"格物致知"工夫。

我们可以用以下表格简单说明朱子从"中和旧说"阶段到《已发未发说》时关于"已发未发"之命名所对应的心性之实,以及随之引发的心性论与工夫论上的转变:

---

① 朱子在同年《答林择之》信中更加明确地表达了"敬"的第一种作用:"未感物时,若无主宰,则亦不能安其静,只此便自昏了天性。不待交物之引然后差也。"顾宏义等人将此书系于乾道五年(1169)。参见《朱熹师友门人往还书札汇编》(第二册),第1508页。

	"中和旧说"	《已发未发说》	
"未发"	大本、性、中	心体流行	思考未萌、寂然不动、中（主敬涵养）
"已发"	心体流行、良心发现、喜怒哀乐发而中节之和（先察识后涵养）		喜怒哀乐之情（察识扩充）

第二节 《答张钦夫》：从"心之动静"论"性情"

当然，朱子的思想并未停留于此。他另有一封《与湖南诸公论中和第一书》寄给南轩与其他湖湘学者，其中内容除了没有引用二程著作语录之外，其余都与《已发未发说》一致。虽然南轩与吴翌（字晦叔）回信赞同朱子的看法，但是南轩仍坚持"先须察识端倪之发，然后可加存养之功"①。朱子看到南轩"先察识后涵养之论执之尚坚，未发已发条理亦未甚明"，② 自己也觉得《已发未发说》的论述"无甚纲领"。于是在乾道五年（1169）夏间，他借着回信的机会重新梳理了自己的观点，并对南轩的工夫论主张做出回应。值得注意的是，在《答张钦夫》（诸说例蒙印可）这封信中，朱子"心性情"三分的心性论结构已见雏形。由于书信文本较长，以下只择要进行分析：

> 人之一身，知觉运用莫非心之所为，则心者固所以主于身，而无动静语默之间者也。然方其静也，事物未至，思虑未萌，而一性浑然，道义全具，其所谓中，是乃心之所以为体而寂然不动者也。及其动也，事物交至，思虑萌焉，则七情迭用，各有攸主，其所谓和，是乃心之所以为用，感而遂通者也。然性之静也而不能不动，情之动也而必有节焉，是则心之所以寂然感通、周流贯彻而体用未始相离者也。

① 朱熹：《答张钦夫》，《朱熹集》，四川教育出版社，1997年，第1405页。
② 朱熹：《答林择之》，《朱熹集》，四川教育出版社，1997年，第2028页。

然人有是心而或不仁，则无以著此心之妙。人虽欲仁而或不敬，则无以致求仁之功。盖心主乎一身而无动静语默之间，是以君子之于敬，亦无动静语默而不用其力焉。未发之前，是敬也固已主乎存养之实；已发之际，是敬也又常行于省察之间。方其存也，思虑未萌而知觉不昧，是则静中之动，《复》之所以"见天地之心"也。及其察也，事物纷纠而品节不差，是则动中之静，《艮》之所以"不获其身，不见其人"也。有以主乎静中之动，是以寂而未尝不感；有以察乎动中之静，是以感而未尝不寂。寂而常感，感而常寂，此心之所以周流贯彻而无一息之不仁也。①

此封书信相对于《已发未发说》，至少更为明确地总结出以下八个要点：

第一，以"心"为论述的中心，因为"心"是一身之主，贯通动静语默等不同阶段。

第二，"事物未至，思虑未萌"的状态是心之"静"的状态，而"事物交至，思虑萌焉"是心之"动"的状态。因为论述的主要对象由情感变为"心"，故以"动静"代替此前"已发未发"的表述。当然，下文仍用"未发之前""已发之际"表示心的两个阶段。

第三，心在"静"的状态下"一性浑然，道义全具"，这就是《中庸》所谓的"中"，是《易传》所谓的"寂然不动"者，是"心之所以为体"。

第四，心在"动"的状态下"七情迭用，各有攸主"，这就是《中庸》所谓的"和"，是《易传》所谓的"感而遂通"者，是"心之所以为用"。

第五，"心"有不仁之时，又有欲仁求仁而不得之困境，故须施加"敬"的工夫。

第六，"敬"的工夫对象是心，既然心贯通动静语默，那么"敬"的工夫也要贯通动静语默。在情感念虑未发之前，"敬"就是"存养"工夫

---

① 朱熹：《答张钦夫》，《朱熹集》，四川教育出版社，1997年，第1403—1404页。

的实际内容；在情感念虑已发之时，"敬"又作为"省察"工夫的必要条件而始终伴随。

第七，当做存养工夫时，心的状态是"思虑未萌而知觉不昧"，就"思虑未萌"而言是"静"（此"静"之主语是情感念虑），就"知觉不昧"而言是"动"（此"动"主语是知觉），知觉是心之功能之一，故说"静中有动"。

第八，当做省察工夫时，心的状态是"事物纠纷而品节不差"，就"事物纠纷"而言是"动"（此"动"之主语是情感念虑），就"品节不差"而言是"静"（此"静"之主语是性），心所表现的只是性中之条理，故说"动中有静"。

从第一点到第四点所论，可以说是心之动静的理想情况，即心在静时，包含全部道德法则之本性仍处于潜存状态，只保持着顺畅发为中节之情的可能性；心在动时，根据接触事物之不同而产生各类情感之更迭，并且各类情感都能依其本性而表现出条理。在此意义上说，心之动其实就是性之动，本性在接触事物的情况下，必然直接表现为有节制的情感。依照朱子的意思，我们可以暂且将其称为"心的本然状态"。

第三、第四点的说法其实有些曲折，因为朱子在讨论"心体流行"的不同阶段时，还涉及"性情"问题，以至于有学者认为"心体流行"层次上的"未发"便是性，而"已发"便是情。我们知道，旧说阶段的"性"是超越经验之存有者，并非"别有一物限于一时、拘于一处"，而"心"作为"日用流行"者，其实就是经验层的情感念虑等心智活动，二者之间是体用关系。① 而在新说阶段，若不论"已发未发"的命名变化，只就心性之实言，朱子对"性"的看法并未改变。他只是将"人自有生"第一书所谓"暂而休息不与事接之际"归入"心体流行"阶段，使之作为"心之静"，与旧说所谓"日用流行"的"动"的状态共同构成心理活动的两个阶段。就此而言，新说之"未发"（心静的状态）绝不应与"性"等同。② 应当说，"性"作为超越经验之存有者，在经验中仍有其呈现方式，此时便有时段可言。在此，毋宁说朱子分别论述了"性"在"心体流行"

---

① 此点可参见本大节第一小节关于"人自有生"第二书的讨论。
② 陈来：《朱子哲学研究》，生活·读书·新知三联书店，2010 年，第 209 页。

两个时段的呈现情况：心在静时，性尚未表现，亦无形影可循，所以只是"一性浑然"，只有"中之气象"；心在动时，性才表现为情，才有条理可循，因此可说"各有攸主"。他在此之所以要将"性情"问题放在"心体流行"层次讲，或许是出于《已发未发说》中提到的理由："盖圣贤论性，无不因心而发，若欲专言之，则是所谓无极而不容言者，亦无体段之可名矣。"① 他在乾道六年（1170）的《易寂感说》中提道："程子曰：'中者，言寂然不动者也。和者，言感而遂通者也。'然中和，以性情言者也。寂感，以心言者也。"② 也是即心言性、即心言情。这为他后来确立了"心统性情"的思想奠定了基调，但"心统性情"乃是就"心"的本体论结构、静态结构而言的，而以"心体流行"论"性情"，则是就"心"之现实活动而言的，二者仍有细微的区别。③

第五点至第八点所论，则是心之动静的现实情况，以及对治此种情况所需的工夫前提。在现实情况中，心并不必然完全依其本性而活动，不必然完全表现为有节制的情感，而有掺杂私欲之可能。即使人们有全然向善之意愿，也不见得就能做到，因此必须遵照一定的修身方法有意识地去做工夫。在"敬"之工夫的保证下，心在静时便有一个清醒的知觉在看管，以保持使所具之道义能够顺畅发动的"中之气象"；心在动时也有清醒的知觉在观察，以随时纠正情感念虑之偏差，使其完全符合本性所规定之品节。此种情况，我们可以暂且称为"心的工夫状态"。

尽管"敬"之工夫看似可以让心达到其本然状态的效果，即情感依照其本性而呈现，但这两种状态始终存在差别。因为在理想情况下，心由"未发之中"到"已发之和"的过程是自然而必然的，"一性浑然"与"七情迭用"就是人的全部心智活动，并无须其他心智活动的参与。而即使是在高度纯熟的工夫状态中，在情感尚未发生的平静状态下，还必须保持"知觉不昧"，在情感发而中节的情况下，仍要求一个省察的心智活动在其中。因为"未发之中"与"已发之和"变成被看管与观察的对象，是

---

① 朱熹：《已发未发说》，《朱熹集》，四川教育出版社，1997年，第3529页。
② 朱熹：《易寂感说》，《朱熹集》，四川教育出版社，1997年，第3516页。
③ 值得注意的是，当"心统性情"表明一种心性论结构时，有时"情"之范畴显然要大于作为"心之已发"的情感念虑，而包括人的"知觉不昧"，因为在朱子看来"知觉"亦是"智之德"之发用。

"被主宰者"而非"主宰者",所以与身为主宰的"知觉"形成了对待关系。当然,朱子并非对此没有思考,他认为此种对待关系需要在工夫境界臻于完满的时候才能消除。

总之,心的现实情况(其实也是性情的现实关系)是朱子重建其心性论结构的重要依据,也是"主敬涵养""格物致知"等工夫之所以必要的重要原因。相比于旧说,"已发"状态的察识工夫朱子早已知晓,更重要的是他此时所揭示的"未发"状态,已经蕴含了两个要素:一是未与事物接触、未产生情感念虑之活动;二是必须保持清醒的知觉。① 在此,朱子已开始分别"知觉"与喜怒哀乐之情感,"知觉"是主宰者,情感则是被主宰者。"心之动静"及"心之已发未发"是从情感上说的,故"知觉"虽然是动,亦不妨碍情感之未发。② 从领悟新说直至晚年时期,朱子都特别注重这种"思虑未萌而知觉不昧"的心之未发状态。如吕祖俭曾以"未有闻、未有见为未发",朱子回信说:"详看此段来意,更有一大病根,乃是不曾识得自家有见闻觉知而无喜怒哀乐时节。试更着精彩看,莫要只管等闻言语,失却真的主宰也。"③ 因为经历过旧说阶段,所以他对于此种"病根"实有切身之体会。

第三节 《知言疑义》:"心主性情"思想之发生

在新说阶段,关于"心""性""情"问题的重要文本还有《胡子〈知言〉疑义》。《胡子〈知言〉疑义》其实是朱子、南轩张栻、东莱吕祖谦三人讨论五峰《知言》义理的整理记录,作于乾道七年(1171)。尽管

---

① 此种看法某种程度上是向延平之教的回归。朱子在乾道五年(1169)答林用中信里回忆说:"旧闻李先生论此最详,后来所见不同,遂不复致思。今乃知其为人深切,然恨已不能尽记其曲折矣。如云'人固有无所喜怒哀乐之时,然谓之未发则不可,言无主也。'"此即表明,只是情感念虑未萌状态尚不能称之为"未发",而必有"知觉不昧"才是有主,才可称之为"未发"。参见朱熹:《答林择之》,《朱熹集》,四川教育出版社,1997年,第2046页。

② 《朱子语类》载:"曰:'未发之前,不是瞑然不省,怎生说做静得?然知觉虽是动,不害其为未动。若喜怒哀乐,则又别也。'曰:'恐此处知觉虽是动,而喜怒哀乐却未发否?'先生首肯……"此段为陈淳所录。可见朱子使用的"动静""已发未发"等描述词须视其主语而言,不可一概而论。参见黎靖德:《朱子语类》,中华书局,1985年,第2469-2470页。

③ 朱熹:《答吕子约》,《朱熹集》,四川教育出版社,1997年,第2342页。

朱子在《答张钦夫》（诸说例蒙印可）一书中已经形成了"心""性""情"三分的思维模式，但仍尚未正式思考三者的关系问题。直到他与张栻、吕祖谦这两位颇有家学的挚友讨论《知言》中五峰的观点，才逐渐形成"心统性情"与"心主性情"的观念。① 由于《胡子〈知言〉疑义》文本较长，以下先整理五峰《知言》所表达的心性论观点，然后再看朱子对五峰的批判及其观点之确立。②

在心性问题上，《知言》所表达的观点大概如下：

第一，论心："心无死生。"

第二，论性："善不足以言之，况恶乎哉。"

第三，论情："人以情为有累也，圣人不去情。""圣人发而中节，众人不中节。"

第四，论心性关系："心也者，知天地，宰万物，以成性者。""圣人指明其（道）体曰性，指明其用曰心。性不能不动，动则心矣。"

第五，论性情关系："好恶，性也。小人好恶以己，君子好恶以道，察乎此则天理人欲可知。"③

朱子后期曾将《胡子〈知言〉疑义》所批判的主旨总结为八点，分别是："性无善恶，心为已发，仁以用言，心以用尽，不事涵养，先务知识，气象迫狭，语论过高。"④ 但在我们所关心的心性问题范围内，朱子所批判的无非三个要点，即"心无死生""性无善恶"和"性体心用"。《胡子〈知言〉疑义》对三个要点都提出了相应的疑问，由张栻提出而朱子深表赞同者，亦可以视为朱子此时的观点。

关于五峰"心无死生"的说法，朱子认为近似佛教的"轮回之说"。

---

① 陈来先生亦指出："《知言疑义》最突出的思想进展是明确提出心统性情和心主性情。"参见陈来：《朱子哲学研究》，生活·读书·新知三联书店，2010 年，第 213 页。

② 值得注意的是，朱子对于五峰的批评，有一些是属于概念使用与语言表述的批评，而非真深入五峰之思想。但正是在这种概念和语言层面的批判中，朱子表达了自己的心性论观点。因此，我们在此只就《知言》之文本看，就五峰之语言表述而论其思想，而未细究五峰的真实思想或其思想之可能走向如何。

③ 《胡子知言疑义》，《朱熹集》，四川教育出版社，1997 年，第 3858–3867 页。

④ 黎靖德：《朱子语类》，中华书局，1985 年，第 2582 页。

自师从延平之后，朱子经历了一段逃释归儒、严辨儒释的经历，因而在阐发前儒思想时，时常抱着一种对佛教观点高度警惕的心态。但此种警惕之心态只是外部原因，从理论本身来看，更主要的原因似乎是朱子之概念界定与五峰不同。在朱子的观念中，"心"是"虚灵知觉之性"。严格来说，"虚灵知觉之性"的表达是有问题的，因为"虚灵知觉"只是心之功能，只是"用"，绝不是无形无影的"性"。朱子晚年对此有严格的区分，故常批评禅宗"知觉运动为性"的说法。故陈来先生认为此种说法"反映朱熹当时思想及概念的运用还不十分成熟和确定"，其本意是想说："心是虚灵和知觉的能力，且这种能力是与生俱来的。"[1]

朱子认为："天地生物，人得其秀而最灵，所谓心者，乃夫虚灵知觉之性，犹耳目之有见闻耳。在天地则通古今而无成坏，在人物则随形气而有始终。"即此种"虚灵知觉"应该从两个层次来看，在天地层次（即"天地之心"）的"心"是超越时空而永恒存在的，在人物层次的"心"（即"人物之心"）则与形气相关而有物质性实体，故会随形气之聚散而有始终。这并不是说"人物之心"只有形气层次，毕竟朱子还强调："人物之生，又各得夫天地之心以为心者也。"[2] 因此，应当说"人物之心"亦是承继"天地之心"而来，亦有"天地之心"的无限性之层次。换言之，"形气"与"天地之心"是构成"人物之心"的两个必要条件，亦构成一心之两面，缺少任何一个面都不是"人物之心"。故其形气消散时，"人物之心"亦不存在，但其"天地之心"之层面并不会随之消亡。

关于"性无善恶"的说法，张栻与朱子的立场是一致的，如张栻所说："夫专善而无恶者，性也。"[3] 虽然"性善"说是孟子以来的传统，但"善"是什么意思，难以言说。五峰（及其父胡安国）则认为，孟子所谓"性善"之"善"，只是"叹美之词"，不能用"善恶"来形容。朱子因此

---

① 陈来：《朱子哲学研究》，生活·读书·新知三联书店，2010年，第248页。
② 朱熹：《仁说》，《朱熹集》，四川教育出版社，1997年，第3542页。
③ 《胡子知言疑义》，《朱熹集》，四川教育出版社，1997年，第3862页。

将其观点归纳为"性无善恶"。① 他的质疑主要有三点：

其一，五峰重视"天理人欲"之分，但作为恶之代表的"人欲"（朱子晚年亦归为"情"），是在后天形体气质之影响下产生的："人欲者梏于形，杂于气，狃于习，乱于情而后有者也。"② 而"性"是先天所有，故恶之根源不在性。

其二，五峰说"人之为道至大也，至善也"③，如果"性无善恶"，何以能如此？（朱子认为"性""道"不二，五峰在论"道"时也说"圣人指明其体曰性"，可见"性"与"道"不是两物）

其三，情能"发而中节"而为善，其原因无非两种，一种是圣人自为，一种是性所固有，前者"必无是理"，若是后者，则性善就很清楚了（朱子并未解释为什么"必无是理"，或是因为若将"善"归因于圣人自为，那么众人为善便不可能，这明显违背现实的生活经验）。

值得注意的是，朱子不再默认《中庸》《孟子》等经典文本的"性善"预设，而是开始涉及如何确证"性善"的问题，此种确证正是从最直观的情感入手的。上述第一点是从反面情感"人欲"证明"性"不是恶情之根源，第三点则是从正面情感"发而中节"说明"性"是善情之根源，由此不仅可说明"性有善恶"，还可进一步说明"性之本善"。只是此时朱子虽已有此直觉，却尚未深入论述。

关于五峰"性体心用"的心性论结构，此前两章均已涉及。五峰《与僧吉甫书三首》就认为"心"是已发者而"性"是未发者，其所谓"已发未发"不是在心理活动的两个阶段，而是在本体与发用的意义上说。《知言》的观点亦是一以贯之。在上引第四点中，五峰指出"心""性"与"道"的关系，即性是道之体，心是道之用；而"心"与"性"的关系，则是性动为心；心又可以"知天地，宰万物，以成性"，即具有知觉

---

① 朱子"性无善恶"的总结未必是准确的，有学者认为胡宏应当持"性超善恶"论。牟宗三先生就曾区分"绝对善"与"相对善"，"绝对善"是超越事相之至善，而"相对善"（此意义才与"恶"相对）则是就事相上所做的价值判断（如说某种行为为中节为善，某种行为为不中节为恶），这种"善"与"恶"的判断都是有条件的。在牟先生看来，五峰所说的"叹美之辞"是指性体自身"至善"而言，是属于前者而非后者，而不是像朱子理解的中性意义上的"无善无恶"。参见《心体与性体》（中），上海古籍出版社，2010年，第382页。

② 《胡子知言疑义》，《朱熹集》，四川教育出版社，第3860页。

③ 《胡子知言疑义》，《朱熹集》，四川教育出版社，第3861页。

能力与主宰能力，反过来使性得以具体化、现实化。这在朱子看来有两个问题：

一是从概念命名上说，"性体心用"的结构缺失"情"之概念，使得对《中庸》思想的阐发不够完备。《中庸》明确提到"已发"者是"喜怒哀乐"，且指明"发而皆中节"之"和"是"天下之达道"，故"性体心用"结构显然忽视了"情"在《中庸》里的重要地位。在此意义上，朱子说："性固天下之大本，而情亦天下之达道，二者不能相无。"① 主张"心"必兼"性情"说，然后语意才能完备。② 关于"情亦天下之达道"的表达，朱子后来仍觉得缺少曲折，于是将此改为"情亦所以为天下之达道"。这样的改动出于两个理由：一是"情"有中节、不中节之分，并非都可以作为"天下之达道"。二是以"情"为"达道"，则"性"发为"情"自然中节，便不必有知觉之"心"的参与。此种意义上的"情"即旧说之"心"，"性情"对言也无异于旧说之"心性"对言。而旧说显然有修身工夫上的种种问题，已被朱子自身所批判。③

二是从心性之实上说，"性体心用"的结构缺失"心"的位置。从《已发未发说》开始，朱子就逐步将"心"收摄到主宰的地位，不再与"性"相对。如其在《观心说》中所言："心者，人之所以主乎身者也，一而不二者也，为主而不为客者也，命物而不命于物者也。"④ 人之一身中有些构成部分能够作为认识之对象，譬如人感知自身之情绪，情绪既是知觉内容，又是知觉对象。但"心"作为"感知"本身，便不是可客体化以认识者，故朱子到晚年更是直说："惟心无对。"⑤ 虽然五峰"性体心用"之"心"是在孟子的"良心"意义上说的，但此"心"之概念对应到朱子理论则应为"情"。因此在朱子看来，五峰并不是忽视了"情"的存在（如《知言》说"圣人不去情""圣人不绝欲""圣人不忘忧""圣人不释

---

① 《胡子知言疑义》，《朱熹集》，四川教育出版社，1997 年，第 3859 页。

② 当然，五峰此处讨论"心以成性"是想回答《中庸》里尧舜等六君子为何"曰心而不曰性"，因而只需要讨论"心"与"性"的关系。朱子则是从《中庸》完整的义理结构去考虑"心性情"的概念关系，所以东莱指出，此种考虑"与本文设问不相应"。但不论如何，五峰对于概念的辨析确实不像朱子那样严格而精密，故其"性体心用"的说法必然招致朱子的批评。

③ 朱熹：《答胡广仲》，《朱熹集》，四川教育出版社，1997 年，第 1954 页。

④ 朱熹：《观心说》，《朱熹集》，四川教育出版社，1997 年，第 3540 页。

⑤ 黎靖德：《朱子语类》，中华书局，1985 年，第 84 页。

怨"等，都肯定了情感对于人的必要性），而是没有区分"心"与"情"，从而未能安顿好二者的位置。

在这样的考虑之下，朱子提出了"心统性情"的说法，而欲把五峰与"性"相对之"心"皆改为"情"。如此一来，原本的"性体心用"就变成了"性体情用，心统性情"。"心统性情"的提法实际上出自横渠张载，朱子晚年频频称许，认为此句与伊川的"性即理也"一样都是"颠扑不破"的真理。① 但如陈来先生指出，朱子此时实际上没有注意到横渠的说法，因此当南轩提出改"统"为"主"时，他立即表达了赞同的态度。② 在《胡子〈知言〉疑义》写成后的两年内，朱子都使用"心主性情"或类似的表达，如其乾道八年（1172）秋冬给何镐的一封信中说："心妙性情之德，妙是主宰运用之意。"③ 乾道八、九年间给胡寔的书信中表示："心主性情，理亦晓然。"④

朱子之所以同意改"统"为"主"，除了尚未有横渠的文献依据之外，或许还有一个原因，即此时所谓"统性情"与思想成熟后严格的"心统性情"之说仍有区别。根据陈先生分析，朱子晚期的"心统性情"主张包含两个主要意义：其一是"心兼性情"或"心包性情"，其中"心是标志思维意识活动总体的范畴，其内在的道德本质是性，具体的情感念虑是情"；⑤ 其二是"心主性情"，"是指心对于性情具有统率管摄的主宰作用"，此即上文提到的"主宰运用之意"。⑥

在这两种意义中，朱子对"心"之概念的使用似乎也有区别：其一，在"心主性情"的意义上，"心"即是"虚灵知觉"，这是从主观的、动态的体验活动上说的，如说"心者人之知觉"，⑦ 说"人心是知觉"。⑧ "虚灵知觉"作为变幻莫测的心智活动中的不变者，足以作为一身之主宰，能

---

① 黎靖德：《朱子语类》，中华书局，1985年，第93页。
② 陈来：《朱子哲学研究》，生活·读书·新知三联书店，2010年，第214页。
③ 朱熹：《答何叔京》，《朱熹集》，四川教育出版社，1997年，第1889页。
④ 朱熹：《答胡广仲》，《朱熹集》，四川教育出版社，1997年，第1954页。
⑤ 窃以为"心统性情"第一义概括为"心包性情"较恰当，因为《胡子〈知言〉疑义》中朱子亦使用"兼性情"来说明"心"应当联系"性情"两方面说。"兼"字只是表示一种形式上的联系，而未表明实质关系。
⑥ 陈来：《朱子哲学研究》，生活·读书·新知三联书店，2010年，第292—298页。
⑦ 朱熹：《大禹谟解》，《朱熹集》，四川教育出版社，1997年，第3180页。
⑧ 黎靖德：《朱子语类》，中华书局，1985年，第2013页。

够收敛于性之潜具状态，又能转化为中节之情。此即朱子所谓："性只是理，情是流出运用处，心之知觉即所以具此理而行此情者也。"① 在此，心即可以独立于性情而言，心与性情之间可以是综合的关系。此种意义上的"心"可暂且称为"知觉之心"。其二，从"心包性情"第一义上说，此"心"是客观的、静态的结构描述，涵盖心智得以活动之根源与全部心智活动之内容，如朱子所说："心者，兼性情而言；兼性情而言者，包括乎性情。"② 在此，心不能独立于性情说，因为性与情都是心的一部分，心与性情是分析的关系。此种意义上的"心"可暂且称为"统体之心"。我们或可说，"知觉之心"所描述的只是"统体之心"最为基本的功能。

在《胡子〈知言〉疑义》中，朱子所谓"统性情"之实义正是"心主性情"，这一主张在他另一篇同时期的文章《元亨利贞说》中有更加具体而清楚的表达：

> 元、亨、利、贞，性也；生、长、收、藏，情也。以元生，以亨长，以利收，以贞藏，心也。仁、义、礼、智，性也；恻隐、羞恶、辞让、是非，情也；以仁爱，以义恶，以理让，以智知者，心也。性者，心之理也；情者，心之用也；心者，性情之主也。③

在此，朱子采用的是"以人之性情说天"的思路，此种思路在其师从延平时已有表现。与早年不同的是，朱子当时的观点是在阅读经典文本时，顺着碎片化的疑问而展开，而在此时，他的心性论总框架已经搭建起来，较当时更具结构性与条理性。④ 在天道层面上，他将《周易》中的"元亨利贞"四德归于"性"，将作为万物运行现象的"生长收藏"归于"情"；在人道层面，《孟子》所提到的"仁义礼智"四德属于"性"，而其恻隐、羞恶、辞让、是非之心则属于"情"。"性"与"情"各自有其

---

① 朱熹：《答潘谦之》，《朱熹集》，四川教育出版社，1997 年，第 2754 页。
② 黎靖德：《朱子语类》，中华书局，1985 年，第 475 页。
③ 朱熹：《元亨利贞说》，《朱熹集》，四川教育出版社，1997 年，第 3512 页。
④ 朱子曾向延平请教《太极图说》，认为"'动而生阳'即是天地之喜怒哀乐发处，于此即见天地之心；'二气交感，化生万物'即是人物之喜怒哀乐发处，于此即见人物之心"。参见朱熹：《延平答问》，《朱子全书》（第十三册），上海古籍出版社，安徽教育出版社，2010 年，第329 页。

下位概念，而在《孟子》的文本中，这些概念无疑是一一对应的关系，其关系正如朱子晚年在《玉山讲义》中所说："随事发见，各有苗脉，不相淆乱。"①"心"作为"性情之主"的具体表现，就在于其能将自身所具的"仁义礼智"之性有条理地转化为"恻隐、羞恶、辞让、是非"之情。值得注意的是，朱子在此所论述的"性情"关系收摄于道德本性与道德情感，是在"四端"上说"情"而不是在"喜怒哀乐"上说"情"。此一改变颇值得玩味，因其涉及朱子给后世留下的"四端"与"七情"的关系问题。事实上，朱子在《中庸》语境中常用"喜怒哀乐"的"发而中节"者与"性"对言，此处却以"四端"与"性"对言，这似乎意味着"七情"之发而中节者即是"四端"。但朱子始终没有对此种转变做出解释，因此引发了韩国儒学史上长达数百年的"四端七情"论辩。

不论如何，"心主性情"的说法一直持续到朱子晚年都没有改变。即使他后来用"心统性情"一词的意义已经发生了变化，但"心主性情"之义仍然包括在其中，有时甚至会以"统"说"主"之义。如《语类》记载门人问："心统性情，统如何？"朱子便说："统是主宰，如统百万军。"② 至于"心包性情"之义，其实当他以"一性浑然，道义全具"为"心之所以为体"、以"七情迭用，各有攸主"为"心之所以为用"的时候，就已经有了"性体情用，心包性情"的意思在其中，只是没有正面说出。这或许是因为，朱子仍处在对"心"之概念的探索过程之中，故要等到进一步厘清此前所面对的各种理论观点，才能最终建立起属于自己的言说方式。而下节所要讨论的《仁说》，恰恰就是朱子建构自身话语体系的重要一步。

第四节　《仁说》思想与"四德"体用论

朱子在乾道六年（1170）所撰写的《乐记动静说》，就已跳出"丙戌之悟"与"己丑之悟"所关注的《中庸》"已发未发"问题，而直接面对

---

① 朱熹：《玉山讲义》，《朱子全书》（第二十四册），上海古籍出版社，2010 年，第 3589 页。
② 黎靖德：《朱子语类》，中华书局，1985 年，第 2513 页。

更为本质的"性情"概念，并将其从《中庸》里脱胎而出的新说思想运用到对《乐记》的解释中。其后他所撰的《元亨利贞说》，又进一步阐发了"性情"的具体内容与对应关系。这一阶段的思想成果，最后在其乾道八、九年间写成的《仁说》中得到最完整的体现。"仁"是孔子学说的核心德目之一，上文论"中和旧说"时已提及，朱子与张栻最关心的一个核心问题便是如何"求仁"，朱子就此问题与张栻等湖湘学者进行了长时间的往复辩论。乾道七年（1171）张栻在长沙将孔孟关于"仁"的讨论类聚成编，最终形成《洙泗言仁录》一书，而正是这本书开启了南宋道学史上至关重要的朱张"仁说"之辩。陈来先生指出：

> 朱子的仁说是对南宋前期道学仁说的清理和总结，特别是对上蔡（谢良佐）仁说以及受上蔡影响最大的湖南学派的仁说的克服、批评和纠正……另一方面，朱子《仁说》及朱子与湖南学者关于仁说等辩论的结果，确立了朱子的理论权威，带来了道学话语的更替，即导致了旧的仁说的终结和道学核心话语的转变，从此，道学的关注课题从中和说、求仁说转变到理气说、心性说、格物说，朱子哲学的话语开始主导道学思想的展开。[1]

朱子"仁说"之辩的最终成果是《仁说》与《克斋记》两篇文章。二人论辩的书信考证、发展过程与思想细节之考定较为烦琐，亦存在诸多争议，但可以比较确定的是，朱子《仁说》初撰于乾道八年（1172）春间，定稿于乾道九年（1173）秋间。[2] 值得注意的是，《仁说》内容与《元亨利贞说》颇有可比较之处。按陈来先生的看法，《元亨利贞说》写作

---

[1] 陈来：《论宋代道学话语的形成和转变——论二程到朱子的仁说》，收入《中国近世思想史研究（增订版）》，生活·读书·新知三联书店，2010年，第56—57页。

[2] 除了牟宗三、刘述先、陈来、束景南、顾宏义等诸位先生的相关考证之外，还可参见曾奕、陈怡：《性情问题与朱子、张南轩辩仁爱之不同》，《哲学与文化》第30卷第10期，2003年10月；李秋莎：《朱子与张南轩〈仁说〉异同述考》，《切磋集系列》2010年第0期，第223—239页；李秋莎：《朱子与张南轩〈仁说〉讨论相关书信系年再考》，《国学研究》第30卷第2期，第121—144页。赖尚清：《朱子与张栻"〈仁说〉之辩"书信次序详考》，《厦门大学学报（哲学社会科学版）》，2014年第4期，第112—119页。

要早于《仁说》。① 在此，我们就以《仁说》为例，一窥朱子"性情"观念的发展情况。

就论述主旨而言，《仁说》可以分为两个部分，第一部分是朱子正面阐述"仁"的内涵，第二部分是朱子对二程后学论"仁"观点的批评。我们先看第一部分：

> 天地以生物为心者也，而人物之生，又各得夫天地之心以为心者也。故语心之德，虽其总摄贯通，无所不备，然一言以蔽之，则曰仁而已矣。请试详之。

> 盖天地之心，其德有四，曰元、亨、利、贞，而元无不统。其运行焉，则为春、夏、秋、冬之序，而春生之气无所不通。故人之为心，其德亦有四，曰仁、义、礼、智，而仁无不包。其发用焉，则为爱恭宜别之情，而恻隐之心无所不贯。故论天地之心者，则曰乾元、坤元，则四德之体用不待悉数而足论。人心之妙者，则曰仁，人心也，则四德之体用亦不待遍举而该。

> 盖仁之为道，乃天地生物之心，即物而在。情之未发，而此体已具；情之既发，而其用不穷。诚能体而存之，则众善之源，百行之本莫不在是。……此心何心也？在天地则块然生物之心，在人则温然爱人利物之心，包四德而贯四端者也。②

与《元亨利贞说》类似，朱子在此依然分天道与人道两个层次进行论述。天道与人道实际上有三组对应关系：①"天地之心"—"人物之心"；②"天地之德"—"人心之德"；③"天地之用"—"人心之用"。

第一组对应关系实际上是总说。从天道层面说，朱子认为《周易·复卦》的《彖》辞中的"天地之心"，并不能用有思虑营为的"人物之心"去类比。按照他后来的说法，"天地之心"完全体现在"生物"一件事上："某谓天地别无勾当，只是以生物为心。一元之气，运转流通，略无停间，

---

① 陈来先生在《朱子哲学研究》中认为《元亨利贞说》写于庚寅（1170 年，朱子四十一岁），而在《朱子四德说续论》中则认为写于朱子四十二岁前后。不论如何，其写作时间都早于《仁说》。参见陈来：《朱子哲学研究》，生活·读书·新知三联书店，2010 年，第 213 页；陈来：《朱子四德说续论》，《中华文史论丛》，2011 年第 4 期。

② 朱熹：《仁说》，《朱熹集》，四川教育出版社，1997 年，第 3542–3543 页。

只是生出许多万物而已。"① 因此说"天地"是"以生物为心者"。② 而从人道层面说，"人物之心"有继承自"天地之心"的部分（二者并不等同），此部分可以用"心之德"来指称。"心之德"虽然是"总摄贯通，无所不备"（即包含全部的德目，各种德目之间相互联系、相互贯通），但实际上可以用一个"仁"字来概括。

第二、三组则是更加具体的对应关系。"天地之心"有元、亨、利、贞四德，故"人物之心"有仁、义、礼、智四德。"四德"均有其发用。在天地，"四德"发用体现为春、夏、秋、冬四季有序地交替运转。虽然有四季，但不过都是春时所生之气的流转变化。③ 在人，"四德"发用体现为爱、恭、宜、别等情感，这些情感都是恻隐之心的变体。④ 因此《周易》中论"天地之心"只需要说"乾元"与"坤元"，便包括元、亨、利、贞四德；而《孟子》以"仁"说"人心"，也涵盖了仁、义、礼、智四德。

以上是《仁说》的主要观点，它与《元亨利贞说》相比，有三个改变值得注意。

第一个改变是，《元亨利贞说》将"元亨利贞"与"仁义礼智"统称为"性"，而《仁说》则统称为"德"。这里就涉及"性"与"德"的区别。在朱子成熟时期的思想中，"性"即人所禀受之天理，如《论语集注》所谓"性者，人所受之天理"⑤，《孟子集注》所谓"性者，人所禀于天以生之理也，浑然至善，未尝有恶"⑥。这是很清楚的。至于朱子对"德"字的使用则较复杂，他解释《论语》"据于德"说："德者，得也，得其道于心而不失之谓也。"⑦ 以"得"训"德"是先秦以来的诠释传统，这只

① 黎靖德：《朱子语类》，中华书局，1985年，第4页。
② "天地以生物为心"是继承自二程的主张，朱子与张栻已有深入辩论。此话题虽然重要，但无关本文主题，且当前已有相关研究，在此不复赘述。相关研究可参见唐文明：《朱子论天地以生物为心》，《清华大学学报（哲学社会科学版）》，2019年第1期，第153-163+198页。
③ 如朱子说："天地只是一个春气。发生之初为春气，发生得过便为夏，收敛便为秋，消缩便为冬。明年又从春起，浑然只是一个发生之气。"参见黎靖德：《朱子语类》，中华书局，1985年，第2416页。
④ 如朱子说："恻隐只是动处。接事物时，皆是此心先拥出来，其间却自有羞恶、是非之别，所以恻隐又贯四端。"参见黎靖德：《朱子语类》，中华书局，1985年，第2419页。
⑤ 朱熹：《四书章句集注》，中华书局，2011年，第79页。
⑥ 朱熹：《四书章句集注》，中华书局，2011年，第254页。
⑦ 朱熹：《四书章句集注》，中华书局，2011年，第94页。

是"德"的形式意义，却未指明从何而得。在他的诸多讨论中，就曾出现"得"的两种来源：一种是"自然得之于天"者，如其释《大学》"明德"说："明德者，人之所得乎天，而虚灵不昧，以具众理而应万事者也。"其关于"据于德"的解释应属此类。① 另一种是"行道而有得于身"者，如其对《论语》"为政以德"的解释："所谓'得'者，谓其行之熟，而心安于此也。"② 即此种"德"是从工夫效验上说的。这两种"德"之含义其实并不矛盾，只不过前者是本体论的表达，而后者是工夫论的表达，工夫本身要去除气禀物欲的影响使得天所予之"德"粲然呈现，故它既是本体，也是效验。重要的是，不论哪种意义上的德，朱子似乎都是联系着"心"与"性"来说。《朱子语类》曾有弟子以"人物之受于天者为性，主于身者为心，有得于天而光明正大者为明德"，朱子则质疑"心性如何分别""受与得又何以异"以及"明德合是心，合是性"。弟子想要以"虚实"区分"性"与"心"，但朱子认为："此两个说着一个，则一个随到，元不可相离，亦自难与分别。舍心无以见性，舍性又无以见心，故孟子言心性，每每相随说。"③ 这里隐含一个观点是，不能将"心"与"性"拆开去讨论"明德"，而必须在"心性相随"的意义上讲。《朱子语类》中此类证据颇多，试再举一例："或问：'所谓仁义礼智是性，明德是主于心而言？'曰：'这道理在心里光明照彻，无一毫不明。'"④ 由此可知，"德"是"性"呈现在"心"上的结果，心中所具的道理都清楚地呈现在知觉之中，所以是"无一毫不明"。或许正是在此意义上，朱子才说"知觉便是心之德"⑤。

由以上便带来第二个改变，即由"性情分体用说"变为"德情分体用说"。"德"与"情"分体用意味着"性情"关系又落实到《答张钦夫书》（诸说例蒙印可）中"心"之未发已发两个阶段的关系。所谓"情之未发而此体已具"，即类同"一性浑然，道义全具"，类同"性之体段"，但略

① 《朱子语类》载："问'据于德'云云。曰：'德者，吾之所自有，非自外而得也。以仁义礼智观之，可见。'"参见黎靖德：《朱子语类》，中华书局，1985年，第864页。
② 黎靖德：《朱子语类》，中华书局，1985年，第536页。
③ 黎靖德：《朱子语类》，中华书局，1985年，第88页。
④ 黎靖德：《朱子语类》，中华书局，1985年，第260页。
⑤ 黎靖德：《朱子语类》，中华书局，1985年，第465页。

有不同的是"一性浑然"的说法容易造成离心言性的印象,而"德"字则是侧重"心性"合一。所谓"情之既发而其用不穷",即表现在"爱恭别宜"之上。所谓"爱恭别宜"分别指"恻隐""辞让""是非""羞恶"等情感,朱子其实很少使用这样的说法,此处的表达或许是为了在行文上保持结构的对称性(即与"元亨利贞"相应)。"德"与"情"的此种关系在传统时代便已为人所注意,如韩儒李珥(号栗谷)曾说:"四端即明德之发,名目岂异哉?合心性而总名曰'明德',指其情之发处曰'四端'耳。"①

第三个改变便是"心"与"性情"之关系。《元亨利贞说》仍侧重于在"主宰运用"上说"知觉之心",而《仁说》则从宇宙论层面确立了"人物之心"与"天地之心"的联系。此种继承自天地的"心"是"温然爱人利物之心",是"包四德而贯四端者"。这种"心"已不是"知觉之心"可以涵盖,故只能理解为"统体之心"。事实上,当朱子说"心"在"未发之前……思虑未萌而知觉不昧"时,已经暗示了"未发已发"的"心"与"知觉不昧"的"心"并不是一回事。根据上述朱子对于"德"的理解,则《仁说》里所谓"心之德"之"心",亦是"统体之心",而栗谷所谓"合心性而总名曰'明德'"之"心"则是"知觉之心"。在此,"心主性情"的意义已经逐步向"心包性情"扩展,即"心"的构成要素包括"德"("性"与"知觉")与"情"。

再看《仁说》的第二部分。第二部分是朱子对二程门人的驳论,他极力在"仁"与"爱"之间寻找一种张力:

> 或曰:"若子之言,则程子所谓爱情仁性,不可以爱为仁者,非欤?"
>
> 曰:"不然,程子之所诃,以爱之发而名仁者也。吾之所论,以爱之理而名仁者也。盖所谓情性者,虽其分域之不同,然其脉络之通,各有攸属者,则曷尝判然离绝而不相管哉?吾方病夫学者诵程子之言而不求其意,遂至于判然离爱而言仁,故特论此以发明其遗意,而子顾以为异乎程子之说,不亦误哉?"

---

① 李珥:《答安应休》,《栗谷全书》卷十二,韩国古典综合电子图书馆整理本(한국고전종합 DB)。

或曰:"程氏之徒言仁多矣。盖有谓爱非仁,而以万物与我为一为仁之体者矣。亦有谓爱非仁,而以心有知觉释仁之名者矣。今子之言若是,然则彼皆非欤?"

曰:"彼谓物我为一者,可以见仁之无不爱矣,而非仁之所以为体之真也。彼谓心有知觉者,可以见仁之包乎智矣,而非仁之所以得名之实也。观孔子答子贡博施济众之问,与程子所谓觉不可以训仁者则可见矣。子尚安得复以此而论仁哉?抑泛言同体者,使人含糊昏缓而无警切之功,其弊或至于认物为己者有之矣。专言知觉者,使人张皇迫躁而无沉潜之味,其弊或至于认欲为理者有之矣。一忘一助,二者盖胥失之而知觉之云者,于圣门所示乐山能守之气象尤不相似,子尚安得复以此而论仁哉?"因并记其语,作《仁说》。①

就"德情"或"性情"关系而言,从先秦至北宋出现过至少三种诠释"仁"的进路,分别是"以爱名仁""离爱言仁""爱情仁性"。② 其中"离爱言仁"又有两种情况,分别是"同体言仁"与"以觉训仁",因此实质上是四种诠释"仁"的进路。朱子基于"爱情仁性"的立场批评了其他三种诠释进路。

他首先面临的一个关键问题,便是如何理解伊川的"爱情仁性,不可以爱为仁"这句话。伊川认为:"恻隐固是爱也,爱自是情,仁自是性,岂可专以爱为仁?"③ 可见在其看来,"情"与"性"的畛域不能相混淆。第一个设问便有将此句理解为"离爱言仁"而质疑朱子是"以爱名仁"的意思,这种指责显然来自张栻等湖湘学者。《答张钦夫论仁说》中说:"熹前说以爱之发对爱之理而言,正分别性情之异处,其意最为精密。而来喻每以爱名仁见病。"④ 因此,朱子《仁说》中再次强调,自己是以"爱之理"而非"爱之发"来解释"仁"。显然,"爱之发"是指"爱"这种情感本身,而"爱之理"则指向这种情感的根源。朱子在给曾祖道信中有过

---

① 朱熹:《仁说》,《朱熹集》,四川教育出版社,1997 年,第 3543–3544 页。

② 可参见唐文明:《朱子〈仁说〉中的义理与工夫》,《北京大学学报(哲学社会科学版)》,2017 年第 3 期,第 76–85 页。

③ 程颢、程颐:《二程集》,中华书局,2004 年,第 182 页。

④ 朱熹:《答张钦夫论仁说》,《朱熹集》,四川教育出版社,1997 年,第 1393 页。

类比："仁者心之德,犹言润者水之德,燥者火之德。爱之理犹言木之根、水之原。试以此意思之。"① 但此"根源"不是指情感在时空中的原初状态,而是指情感之规范的来源。在此意义上,朱子并不认可张栻所谓"以爱名仁"的批评。

但是,朱子又反对以"离爱言仁"去理解伊川的话。他强调:"此正谓不可认情为性耳,非谓仁之性不发于爱之情,而爱之情不本于仁之性也……盖所谓爱之理者,是乃指其体性而言,且见性情体用各有所主而不相离之妙。"② "情"与"性"虽然有区别,但二者之间是紧密联系的(即性发为情,情本于性),且有着严格的对应关系(即四德对应四端)。此种关系正说明朱子思想中的"性"不是牟宗三先生所谓"只存有而不活动者",只不过其活动是以"情"的方式呈现罢了。如果按牟先生的说法,则是将朱子思想中的性情关系变成性自性、情自情,二者"判然离绝而不相管",而这正是朱子所明确反对的。③

当然,朱子也正面批评了二程后学"离爱言仁"的两种说法。

所谓"同体言仁"之"同体",如果以道南学派的理解,应当是指《孟子》中"万物与我为一"的"一体感"或"同体感"。但朱子似乎并不如此理解,而是将"同体"看作人对于天地万物的博爱。他说:"盖仁只是爱之理,人皆有之,然人或不公,则于其所当爱又有所不爱;惟公,则视天地万物皆为一体而无所不爱矣。爱之理,则是自然本有之理,不必为天地万物同体而后有也。"④ 不论是哪种意义的"同体",或许在朱子看来都只能是工夫效验,只有仁德才是与生俱来者。因此,朱子认为"同体"并非"仁之所以为体之真"。换言之,"仁"的本质只能从"爱"上去追寻,"同体"与"仁"的本质并无关系,而是"仁"之发用(即

---

① 朱熹:《答曾择之》,《朱熹集》,四川教育出版社,1997 年,第 3111 页。

② 朱熹:《答张钦夫论仁说》,《朱熹集》,四川教育出版社,1997 年,第 1393 页。

③ 按牟宗三的想法,朱子之"心"与"情"皆为实然一面,只是气之作用,"性"(理)则外在于"心"而与之平行,亦与"情"无本质之关联。在此种框架下,"情"之发要中节只能依靠"心"向外认识"理"后再反过来节制自身,即其所说:"仁是爱之所以然之理,而为心知之明之所静摄(心静理明)。常默识其超越之尊严,彼亦足以引发心气之凝聚向上,而使心气能发为'温然爱人利物之行'(理生气)。久久如此,即可谓心气渐渐摄具此理(当具),以为其自身之德(心之德,理转成德)。"参见牟宗三《心体与性体》(下),上海古籍出版社,2010 年,第 223 页。

④ 朱熹:《又论仁说》,《朱熹集》,四川教育出版社,1997 年,第 1397-1398 页。

"爱")的最大限度,故朱子将其视为"仁之量"。①

"以觉训仁"的源头则是明道程颢与上蔡谢良佐。此处"觉"即"知觉",按照上蔡谢良佐的看法,其"知觉"是指意识的境界与状态,"就像知觉到肢体的痛痒一样,时时意识到自己在整个宇宙、社会中的地位与责任"。②唐君毅先生认为,这种进路"皆缘明道伊川之言之旨,而略变其义,要皆不外自仁者与物同体,或由同体之感而有之疾痛痛痒相关之知觉上,指点仁体之所在,以使人识仁"③。不过朱子似非如此理解。他曾区分出两种意义的"知觉"说:"盖孟子之言知觉,谓知此事、觉此理,乃学之至而知之尽也。上蔡之言知觉,谓识痛痒、能酬酢者,乃心之用而知之端也。二者亦不同矣。然其大体皆智之事也。"④《孟子》的"知觉"即其所言"先知觉后知,先觉觉后觉",在此"知觉"是连着"理"说的,是"格物穷理"工夫完满之后的知觉状态,而上蔡谢良佐所言则只是能够感受、能够思虑的知觉功能。但不论哪种意义的"知觉"都是"智之事",也就是作为"智德"的发用。既然性情之间"各有攸属",自然不能将"智之事"与"仁之事"相混淆。故朱子一再强调:"以名义言之,仁自是爱之体,觉自是智之用,本不相同。"⑤

总而言之,由于"同体"是"仁之量",是在"仁"发为"爱"的基础上,扩充此"爱"到天地万物,而"知觉"是"智之用","智德"包含于"仁德"之中,故当一个人完全实现"仁德"而为"仁者"时,他必定能产生此种"物我为一"之感,亦必定能够有清醒的知觉功能,甚至在此知觉之中全然呈现其性理。正如朱子说:"仁者固能觉,谓觉为仁,不可;仁者固能与万物为一,谓万物为一为仁,亦不可。"⑥前后的逻辑关系不能颠倒。

此外,二说还有工夫论上的弊病。前者的弊病在于"使人含糊昏缓,

① 朱子在与弟子讨论杨时"万物与我为一"的说法时,曾提出"仁之体"与"仁之量"的区别。他做了个类比:"譬如说屋,不论屋是木做柱,竹做壁,却只说屋如此大,容得许多行。如万物为一,只是说得仁之量。"参见黎靖德:《朱子语类》,中华书局,1985年,第118-119页。
② 陈来:《宋明理学》(第二版),华东师范大学出版社,2004年,第102页。
③ 唐君毅:《中国哲学原论·原性篇》,九州出版社,2016年,第320页。
④ 朱熹:《答胡广仲》,《朱熹集》,四川教育出版社,1997年,第1956页。
⑤ 黎靖德:《朱子语类》,中华书局,1985年,第118页。
⑥ 黎靖德:《朱子语类》,中华书局,1985年,第118页。

无警切之功"且不免"认物为己"之弊，后者弊病在于"使人张皇迫躁而无沉潜之味"，且有"认欲为理"之病。朱子之所以会有这样的批评，或许是因为他的工夫论总是针对当时一般学者而立言。诚如唐先生所言："盖在学者分上说，其心中本无此一大的仁之量；今要勉强想象此一大的气象，此即一心气之膨涨而松散。此时学者之气质之昏蔽，物欲之夹杂仍在，则此心气之膨涨，与昏蔽相俱，而物欲又驱此心，以向天地万物而驰散；则含糊昏缓认物为己之弊，即势所不能免矣。……此知觉自身，初步包涵理之是非之辨，而知觉恒连于气，故朱子谓上蔡以知觉言仁，'若不究见源本，却是不见理，只说得气。'而此知觉中，便可夹杂物欲之私，不免认欲为理矣。至于张皇迫躁之弊，则当是自人之不能无气质之昏蔽而来。"[1] 换言之，"以知觉言仁"的前提必须是学者已能究见源本，而心中没有夹杂物欲之私，其知觉才有可能是仁之表现。但在朱子看来，当时的一般学者显然远未能达到这样的境界。

不论如何，朱子最后也将"心之德，爱之理"写进《四书章句集注》中，可见这是他经过深思熟虑并且最终确认的观点。朱子对于伊川"爱情仁性"之说的澄清，以及对程门后学三种言"仁"方式的批评，都是其以"心之德，爱之理"注解"仁"字的重要理由。从"心之德"可见"性"与"知觉之心"的紧密关联，从"爱之理"可见"性"与"情"之本质关系，而"性""情""知觉"都统合于一个更广泛的"统体之心"之下。这些都为他确定"心统性情"思想奠定了重要基础。

第五节 "心统性情"之确立与"情"之安顿

从前面的分析可以看出，朱子虽然已经明确提出"心主性情"，并在《仁说》中以"心之德"与"心之用"来表明"心性情"三者之间的紧密联系，但似乎仍未直接提出"心包性情"的类似观点，也未确定使用"心统性情"的表述方式来说明"心性情"三者的关系。那么，朱子是在什么时候确立"心统性情"的思想呢？在此，我们需要做一些曲折的考察。

---

[1] 唐君毅：《中国哲学原论·原性篇》，九州出版社，2016年，第453—454页。

如同我们前面所提到的，朱子曾回忆自己从"心性对言"到"心统性情"的观念变化过程说：

> 旧看五峰说，只将心对性说，一个情字都无下落。后来看横渠"心统性情"之说，乃知此话有大功，始寻得个"情"字着落，与孟子说一般。孟子言："恻隐之心，仁之端也。"仁，性也；恻隐，情也，此是情上见得心。又曰"仁义礼智根于心"，此是性上见得心。盖心便是包得那性情，性是体，情是用。"心"字只一个字母，故"性""情"字皆从"心"。①

此段材料是沈僴在庆元四年（1198）以后的记录，可以说是朱子的晚年之论。如果他的回忆没有差错，那么他就是在看到张载"心统性情"之说后才"始寻得个'情'字着落"，并且认为这一讲法很好地契合了孟子有关"四端"的文本。这里可能引出两个问题：第一，他在什么意义上"寻得个'情'字着落"？第二，《孟子》文本只说"恻隐之心"，而没有表现"心统性情"的观念，朱子为什么说"与孟子说一般"？

首先可以确定的是，朱子对于"情"的安顿并非从思想实质上说，而是从概念命名上说。换言之，他并不是在一开始就没有将"情"考虑进自己的心性论之中，因为旧说阶段"心性对言"之"心"实质上也是四端之心，或者说是喜怒哀乐中节之情。只不过他后来对"心"的认识发生了变化，因此需要"情"字来表征原本"心"字所指代的实义。

但是，朱子似乎也不是在看到张载之说后，才对"情"之命名有所安顿。早在《答张钦夫》（诸说例蒙印可）一书中，他就将"情"与"性"对言；而在《胡子〈知言〉疑义》中，他更是想要将五峰所说的"心"字都改为"情"字。凡此种种，都表明朱子对"情"之命名的下落已有自觉。而在这一阶段，他并没有注意到横渠的说法。②

一个可能的解释是，朱子在《胡子〈知言〉疑义》阶段对"心统性情"的表达以及改"心"为"情"的主张并没有足够的自信，因此仍须询问南轩与东莱的意见。而在此时，他找到了一个能够支撑自己"心统性

---

① 黎靖德：《朱子语类》，中华书局，1985年，第91页。
② 陈来：《朱子哲学研究》，生活·读书·新知三联书店，2010年，第214页。

情"观念的权威文本，这无疑为他对"情"字之安顿提供了一个强有力的历史证据。就此来看，"寻得个'情'字着落"或许并不是指他的观念变化或理论发展，而是指他的观念得到了一种新的印证。

另一种可能的解释是，"心性情"三者的关系结构相对于先前确实发生了一些微妙的调整与变化，而"心统性情"的说法让朱子找到了对应此种关系的恰当表达。如上所说，孟子说"恻隐之心，仁之端也"，是以"心"而不是以"情"来说"恻隐"。朱子想要将"恻隐"归属于"情"，就必须对孟子的说法给出合理的解释。从他后面"心"字只是一个字母的说法看，他是将"心"理解为比"性"与"情"更加宽泛的概念，因此"恻隐"属于"情"则必属于"心"，如此才有"情上见得心"之可能。① 此时"心"与"性情"的关系是："心便是包得那性情，性是体，情是用。"这显然是在谈论"统体之心"与"性情"的关系，而不仅仅像《胡子〈知言〉疑义》在"主宰运用"的意义上使用"统"字。若"心"是"知觉之心"义，则不能由"恻隐是情"推出"恻隐是心"。因为"知觉之心"与"性情"的关联是综合的而非分析的，"性情"对于"知觉"而言是对象，而不是其内在构成。朱子在《四书或问》中亦曾论及这一问题："曰：子以四端为情，而孟子皆以心言之，何也？曰：心统性情者也。故仁义礼智，性也。四端，情也。而皆得以心名之，盖以其所统者言尔。"② 由此可见，他此时明确用"心包性情"义来理解横渠的"心统性情"之说与孟子"恻隐之心，仁之端也"之说。③

那么，朱子是在什么时候看到横渠的说法呢？《近思录》卷一收录了横渠的"心，统性情者也"一句，最明显的时间节点是朱子与东莱吕祖谦合编《近思录》之时。朱子《书近思录后》提道："淳熙乙未之夏，东莱吕伯恭来自东阳，过予寒泉精舍，留止旬日……五月五日朱熹谨识。"④ 可

---

① 黎靖德：《朱子语类》，中华书局，1985 年，第 91 页。

② 朱熹：《四书或问》，《朱子全书》（第六册），上海古籍出版社，安徽教育出版社，2010 年，第 938 页。

③ 这并不是说朱子到此时才突然有了"心包性情"的观念，实际上，他在此前的诸多表述中都隐含着此种思想结构，如《答张钦夫》（诸说例蒙印可）所论"知觉运用莫非心之所为"之"心"，即应是"统体之心"义。只是当时他并未直接而明确地说出"心统性情"之义，直到此时，这一思想才得到凝练概括而真正确立下来。

④ 朱熹：《书近思录后》，《朱熹集》，四川教育出版社，1997 年，第 4170 页。

知他至迟在淳熙二年（1175）四五月时已经看到横渠的"心统性情"之说。

不过，考察《文集》可知，朱子在乾道九年（1173）初就已转而使用"心统性情"的表述。其《答吕伯恭别纸》说："'仁'字之义，孟子言心，该贯体用，统性情而合言之也。程子言性，剖析疑似，分体用而对言之也。"① 此处所论是孟子与伊川二人对于"仁"字归属不同的解释。朱子认为，孟子以"心"说"仁"，是因为孟子之"心"包括体用两方面，所以是"统性情而合言之"。此种意义上的"心统性情"，就偏向于"心包性情"之义。就此来看，朱子从前一年（乾道八年，1172 年）尚认为张栻"所改'主'字极有功"到此时转用"统性情"来表达孟子的"心性情"关系，极有可能是在看到张载"心统性情"说之后的转变。

在此之后，朱子便明确使用"心统性情"一语来表述三者的关系，这一种心性关系甚至被他视为与佛教性论的重要区别。如其淳熙三年（1176）作《释氏论》说：

> 性也者，天之所以命乎人而具乎心者也。情也者，性之所以应乎物而出乎心者也。心也者，人之所以主乎身而统性情者也。故仁、义、礼、智者，性也，而心之所以为体也。恻隐、羞恶、恭敬、辞让者，情也，而心之所以为用也。②

这一表述已经趋近于成熟，"性"是天生便具于心者，此种"具"是内具、本具，不是通过认识外在之理才能具于己心者；"情"虽然是"心"的表现，但实际上是"性"通过"心"来对所接触的事物进行价值反馈；而"心"在此便获得了较为完整的表述，既具备"主乎身"的知觉主宰义，又具备"统性情"的统合整体义。又如其在淳熙四年（1177）以后撰写的《孟子纲领》中说：

---

① 朱熹：《答吕伯恭别纸》，《朱熹集》，四川教育出版社，1997 年，第 1525 页。
② 朱熹：《释氏论上》，《朱熹集》，四川教育出版社，1997 年，第 5525 页。束景南先生考定时间为淳熙三年（1176）（参见束氏著：《朱熹年谱长编》，华东师范大学出版社，2014 年，第 572-573 页）。此处以"恻隐、羞恶、恭敬、辞让"四者为"情"，似乎有误。《孟子》论"四端"有两处，其中与"礼"对应的情感有两种表达，《告子上》作"恭敬之心"，《公孙丑上》作"辞让之心"，而与"智"对应者皆是"是非之心"。

性本体也，其用情也，心则统性情、该动静而为之主宰也。故程子曰心一也，有指体而言者，有指用而言者，盖谓此也。今直以性为本体而心为之用，则情为无所用者，而心亦偏于动矣。且性之为体，正以仁义礼智之未发者而言，不但为视听作用之本而已也。明乎此，则吾之所谓性者，彼佛氏固未尝得窥其仿佛，而何足以乱吾之真哉？①

这应当是朱子对《孟子》"人皆有不忍人之心"章之主旨的解释，他直接概括了"心"的三个要点，"统性情"即统合整体义，"该动静"是就"心体流行"的两个阶段说，"为之主宰"即知觉主宰义，这似乎可以视为朱子对其之前有关"心性情"三者关系之思想经历最为完备的一次总结。在此，朱子还批判了以"性体心用"的说法，但似乎不是针对五峰等人的说法，而是如其《释氏论》一般，意在批判当时流行的佛教观点。佛教"性体心用"的说法有三个问题：第一，从"情"上说，这种框架没办法安顿"情"的位置；第二，从"心"上说，"心"只能作为发用者而不能包含未发之性；第三，从"性"上说，"性"的内容应当是"仁义礼智"，而不仅仅是视听等感官作用的来源。在朱子看来，此种意义上的"性"正是儒释之间的重大区别，佛教所谓"性"只不过是"无星之称，无寸之尺"，只有行为与作用，而没有行为与作用的规范可言。②

最后，朱子在其"覃思最久，训释最精，明道传世，无复遗蕴"的《四书章句集注》文本中，直接将张载之语写进对《孟子》"人皆有不忍人之心"章的解释："恻隐、羞恶、辞让、是非，情也。仁、义、礼、智，性也。心，统性情者也。"③ 至此，"心统性情"便成为朱子对"心性情"三者关系的最终的、最确定的表述。

关于"心统性情"之说，还有一个遗留的问题。如前所说，朱子在"中和新说"初期一个最重要的发现就是心"思虑未萌而知觉不昧"的状

① 朱熹：《孟子纲领》，《朱熹集》，四川教育出版社，1997年，第3890页。《孟子纲领》的撰写时间未知，但其中有"程子之言要，已见于《序说》矣"一句，所谓《序说》即是《孟子序说》，束景南先生认为《孟子集注》于淳熙四年（1177）六月序定（参见束氏著：《朱熹年谱长编》，华东师范大学出版社，2014年，第585页），可知此篇应撰写于是年六月以后。
② 黎靖德：《朱子语类》，中华书局，1985年，第3020页。
③ 朱熹：《四书章句集注》，中华书局，2011年，第239页。

态，而在"心统性情"的框架中，朱子似乎只关注"性"与"情"之概念，二者共同构成了"心"的实际内容，而未直接论及"知觉"的位置。因此有研究者认为："朱子虽主张'心统性情'，但只有'性'与'情'，还不足以刻画朱子'心'的概念，其中缺乏了'知觉'要素。"① 然而，这种说法或许并不符合真实的情况。在新说初期，朱子说"情"是指《中庸》语境中的"喜怒哀乐"之一般情感，此时固然要指明除了"喜怒哀乐之情"以外，人还有"思虑未萌而知觉不昧"的状态。而随着新说的发展，朱子对"情"的论述已经转变为《孟子》语境中的"四端之心"。我们在讨论其"仁说"思想时曾提到，朱子区分过前人文本中"知觉"的两种用法，但其实都是一个"知觉"，都是"智之事"。此外还有《朱子语类》中更直接的表述："知觉自是智之事，在四德是'贞'字。而智所以近乎仁者，便是四端循环处。若无这智，便起这仁不得。"② 此类说法都表明，朱子将"知觉"视为"智"之发用，而归属于"是非之心"。③ 就此可见，朱子"心统性情"框架中的"情"概念的内涵相对于"中和新说"初期已经发生改变。而正是通过"情"之内涵的调整，朱子的"心统性情"结构得以完整涵盖他师从延平以来对于"心"的全部思考。

---

① 何绍锦：《从"知觉"视角重构朱子"心"的概念》，《中国哲学史》，2022 年第 2 期，第 53-60 页。
② 黎靖德：《朱子语类》，中华书局，1985 年，第 477 页。
③ 关于"知觉"为"智德"之发用的观点，黄莹暖教授有过全面的考察。参见黄氏著：《从"心之知觉"论朱子之"心"的道德动能——从"知觉是智之事"谈起》，《国文学报》第 57 期，2015 年 6 月，第 57-86 页。

结　论

在朱子早期思想的发展历程中，最为重要的一件事就是"中和新说"的建立。而在其"中和新说"成熟之前，他的思想发生过数次的曲折与转变。本书正是对这一时期的考察，旨在探索朱子思想发展的外在际遇与内在理路，并尝试探索其背后的原因。总体而言，朱子早期思想的发展至少有五个阶段，其间经历四次转折，可以归纳如下：

其一，由家学至禅学。朱子家学时期奠立了儒家的基本价值观，但韦斋本受禅学影响，其交好之武夷三先生亦然，故朱子在此时并不判儒释之是非。又因刘屏山自称学佛而有得之经历，朱子在学未"自得"时自然转向禅学以寻求出路。

其二，由禅学至儒学。朱子在遇到延平之前，无人对其如此严厉地否定，也无人对其明判儒释之不同。故其不分儒释乃客观生活环境和教育背景所致的不自觉的观念，并非理性反思的结果。遇到延平后，这种不自觉的观念受到冲击而迫切要求理性地反思。经由反思，始知之前"自得"之虚幻，而其原本务实的性格使他越发倾向儒学。

其三，由道南学至湖湘学，建立"中和旧说"。从学延平时，朱子笃信其"理一分殊"之说，却不契"体验未发"，其重要原因有二，一是隐觉"体验未发"与参禅相似，而此时他方才逃禅归儒，自然忌讳；二是感到"体验未发"的工夫"本末不一致"，工夫有难下手之问题。道南学之工夫他未能契合于心，故延平去世后苦闷彷徨。在道南学工夫不契带来的苦闷彷徨中，朱子得见南轩并了解湖湘学。通过基本的了解，他感到相比于道南学，湖湘学在日用间下功夫的方法，"本末一致"，尤其容易操作。道南学之工夫不契合，湖湘学之工夫反而契合，这便使他倾心于此。于是他通过自己的体验，一方面彻底放弃了道南学"体验未发"的工夫以及与之相关的以"未发"为一种心理活动之静态的观点，接上湖湘学"未发为性，已发为心"的思路；另一方面又接受了道南学"未发"主宰决定"已发"的思路。道南学与湖湘学相交织，推进了他"中和旧说"的成熟。

其四，脱离湖湘学，建立"中和新说"。在湖湘之行后，朱子发现五峰门人多好空谈而无笃实之工夫，他逃佛归儒后对此本能地反感。此时他认为是"人的问题"，故与南轩一同强调对工夫论的注重。虽然湖湘学在其心中尚未动摇，但已经不再盲信。在此后与蔡元定的辩难中，朱子无法解释自身思想与程子之说之间的矛盾，于是重读程子书，大悟前非，从而建立了"中和新说"。其转变的内在原因是：①朱子对蔡元定之问难时解释不清，表明其未能"自得"，故他不会自欺欺人而不做深究。②朱子对程门本即笃信，其父韦斋、武夷三先生、延平乃至五峰，皆程门后学，故其早年生活在程门学派之中。虽然建立旧说时他对程子之说有所怀疑，但当发现抵牾越多，其不安亦必越甚。至蔡元定之坚持程子之说，他反而开始动摇。③朱子对湖湘学已经有了怀疑和动摇，故亦不至坚守之。此时对湖湘学学风的理解，亦由"人的问题"转变为"学的问题"。④朱子对典籍文献的重视，虽然在旧说时曾经表现出不重视书册的态度，但是他早年泛滥于章句的习惯、重读儒书有悟而逃禅的经历，就学延平时重视"分殊""下学"的观念，都使他不敢执守此心而不顾前贤的说法。以上因素共同促成了这一次重要的转变。

陈来先生曾提出，"己丑之悟"使朱子确立了自己的思想基调，是他的思想真正成熟的标志。① 通过本书考察可见，朱子从"己丑之悟"到新说思想的基本成熟，其实经历了一个较长的转进过程。在"中和新说"初期，朱子仍是通过"心"之动与静两个阶段去讨论性情关系。第二阶段，他与张南轩、吕东莱等人共同研读胡五峰的《知言》，又产生了"心主性情"的思想，此时的"心"乃一种具有主宰能力的知觉之心。第三阶段，他与张南轩往复讨论"仁"的意涵，并阐述了一种"德""情"相对的体用结构。第四阶段，朱子逐渐扩展出"心包性情"之义，最终确立了兼具"心主性情"与"心包性情"二义的"心统性情"结构。与此相应，他的工夫论亦从一开始倾心湖湘学的"先察识而后存养"，转变为其后的"先涵养而后察识"，乃至于"涵养"与"察识"并进。

---

① 陈来：《朱子哲学研究》，生活·读书·新知三联书店，2010年，第2页。

　　至此，朱子才基本完成自身哲学体系核心部分的建构。不论此后他的思想如何改变，几乎没有违背这一时期所建立的根本原则。换言之，正是围绕着"己丑之悟"以后所确立的观点，朱子的思想版图才得以继续扩展，得以对诸多具体问题展开更加深入的论述。就此而言，"中和新说"对朱子的整个哲学体系而言有着举足轻重的意义。在本书看来，只有回到朱子早期思想的转折与发展的历史之中，才可能更准确地了解"中和新说"所确立的重要观点；而只有力求准确理解朱子"中和新说"的观点，才可能更清楚地理解朱子晚年精深的思考，才可能进一步探索朱子哲学的全貌。众所周知，朱子晚年的许多思想都保存在其门人弟子所记录、编撰的《朱子语类》文本中。然而《朱子语类》部分文本的表述存在相互抵牾的情况，其中有些是朱子自身思想改变而形成的理论矛盾，有些是记录者的理解不同而导致的差异，有些则是朱子在不同语境之下具有歧义的表述。这些文本中的差别很可能导向截然不同的理论形态，倘若没有"中和新说"时期的思想作为理解的起点与基准，当我们面对《朱子语类》文本的各种诠释可能时，将难以判断何者更符合朱子的本意。

　　总而言之，朱子的思想综罗百代、博大精深，本书所能呈现者未及万分之一。本书仅是勾勒出其早期思想发展的基本脉络，并针对某些关键文本给出自己的解读。这一段思想转进的历史，不仅是朱子个人历史的重要一环，更是宋明儒学史，乃至是整个中国哲学史中的重要一环，根本上决定了宋代以后的哲学史走向。至于在此历程中的其他诸多重要事件与文本，仍有待将来进一步研究与考察。

参考文献

一、古籍影印本、整理本

[1] 程颢，程颐．二程集［M］．王孝鱼，点校，北京：中华书局，1984.

[2] 顾宏义．朱熹师友门人往还书札汇编［M］．上海：上海古籍出版社，2017.

[3] 韩愈．韩昌黎文集校注［M］．上海：上海古籍出版社，1986.

[4] 胡宏．胡宏集［M］．吴仁华，点校，北京：中华书局，1987.

[5] 黄宗羲．宋元学案［M］．全祖望，补修；陈金生，梁运华，点校，北京：中华书局，1986.

[6] 黎靖德．朱子语类［M］．北京：中华书局，2011.

[7] 李学勤．春秋左传正义［M］．北京：北京大学出版社，1999.

[8] 李学勤．周易正义［M］．北京：北京大学出版社，1999.

[9] 刘子翚．屏山集校注与研究［M］．杨国学，校注，北京：中国书籍出版社，2012.

[10] 十三经注疏［M］．清嘉庆刊本．北京：中华书局，2009.

[11] 汪应辰．文定集［M］．上海：学林出版社，2009.

[12] 王懋竑．朱熹年谱［M］．北京：中华书局，1998.

[13] 王守仁．王阳明全集［M］．上海：上海古籍出版社，2016.

[14] 杨时．杨时集［M］．北京：中华书局，2018.

[15] 张栻．张栻集［M］．杨世文，点校，北京：中华书局，2015.

[16] 张载．张载集［M］．章锡琛，点校，北京：中华书局，1978.

[17] 周敦颐：《周敦颐集》，北京：中华书局，2009 年。

[18] 朱熹：《四书章句集注》，北京：中华书局，2012 年。

［19］朱熹：《朱熹集》，成都：四川教育出版社，1997年。

［20］朱熹撰，朱杰人、严佐之、刘永翔主编：《朱子全书》（第六册），上海：上海古籍出版社；安徽：安徽教育出版社，2010年。

［21］朱熹撰，朱杰人、严佐之、刘永翔主编：《朱子全书》（第十三册），上海：上海古籍出版社；安徽：安徽教育出版社，2010年。

［22］朱熹撰，朱杰人、严佐之、刘永翔主编：《朱子全书》（第二十四册），上海：上海古籍出版社；安徽：安徽教育出版社，2010年。

［23］李珥：《栗谷全书》卷十二，韩国古典综合电子图书馆整理本（한국고전종합 DB）。

二、研究专著

［1］蔡茂松：《朱子学》，台南：大千世界出版社，2007年。

［2］曾亦：《本体与工夫——湖湘学派研究》，上海：上海人民出版社，2007年。

［3］陈来：《仁学本体论》，北京：生活·读书·新知三联书店，2014年。

［4］陈来：《儒学美德论》，北京：生活·读书·新知三联书店，2019年。

［5］陈来：《儒学通诠：陈来学术论集》，贵阳：孔学堂书局，2015年。

［6］陈来：《宋明理学》（第二版），上海：华东师范大学出版社，2004年。

［7］陈来：《有无之境——王阳明哲学的精神》，上海：生活·读书·新知三联书店，2009年。

［8］陈来：《中国近世思想史研究》，北京：生活·读书·新知三联书店，2010年。

［9］陈来：《朱子书信编年考证》，北京：生活·读书·新知三联书店，2011年。

［10］陈来：《朱子哲学研究》，北京：生活·读书·新知三联书店，2010年。

［11］陈荣捷：《朱学论集》，上海：华东师范大学出版社，2007年。

［12］陈荣捷：《朱子新探索》，上海：华东师范大学出版社，2007年。

［13］陈弱水：《唐代文士与中国思想的转型》，桂林：广西师范大学出版社，2009年。

[14] 丁为祥：《学术性格与思想谱系——朱子的哲学视野及其历史影响的发生学考察》，北京：人民出版社，2012 年。

[15] 方彦寿：《朱熹书院与门人考》，上海：华东师范大学出版社，2000 年。

[16] 冯友兰：《三松堂全集》，郑州：河南人民出版社，2001 年。

[17] 高令印：《朱子事迹考》：北京：商务印书馆，2016 年。

[18] 郭晓东：《识仁与定性——工夫论视域下的程明道哲学研究》，上海：复旦大学出版社，2006 年。

[19] 金春峰：《朱熹哲学思想》，台北：东大图书股份有限公司，1998 年。

[20] 康德著，李秋零主编：《康德著作全集》，北京：中国人民大学出版社，2005 年。

[21] 乐爱国：《朱熹〈中庸〉学阐释》，北京：北京师范大学出版社，2016 年。

[22] 刘述先：《朱子哲学思想的发展与完成（增订版)》，台北：台湾学生书局，1984 年。

[23] 刘述先：《朱子哲学思想的发展与完成》，长春：吉林出版集团有限责任公司，2015 年。

[24] 蒙培元：《情感与理性》，北京：中国人民大学出版社，2009 年。

[25] 蒙培元：《朱熹哲学十论》，北京：中国人民大学出版社，2010 年。

[26] 牟宗三：《心体与性体》（下），上海：上海古籍出版社，1999 年。

[27] 彭国翔：《良知学的展开——王龙溪与中晚明的阳明学》，生活·读书·新知三联书店，2015 年。

[28] 彭耀光：《二程道学异同研究》，济南：山东人民出版社，2016 年。

[29] 钱穆：《钱宾四先生全集》，台北：联经出版事业股份有限公司，1998 年。

[30] 钱穆：《朱子新学案》（第三册），北京：九州出版社，2011 年。

[31] 钱穆：《朱子学提纲》，北京：生活·读书·新知三联书店，2010 年。

[32] 束景南：《朱熹年谱长编》，上海：华东师范大学出版社，2014 年。

[33] 束景南：《朱子大传："性"的救赎之路》（增订版），上海：复

旦大学出版社，2016年。

[34] 唐君毅：《中国哲学原论·原性篇》，《唐君毅全集》，北京：九州出版社，2016年。

[35] 藤井伦明：《朱熹思想结构探索——以"理"为考察中心》，台北：台湾大学出版中心，2011年。

[36] 田浩：《朱熹的思维世界》，南京：江苏人民出版社，2011年。

[37] 韦政通：《中国思想史》，长春：吉林出版集团有限责任公司，2009年。

[38] 徐复观：《徐复观全集》，北京：九州出版社，2014年。

[39] 杨立华：《一本与生生：理一元论纲要》，北京：生活·读书·新知三联书店，2018年。

[40] 杨泽波：《牟宗三三系论论衡》，上海：复旦大学出版社，2006年。

[41] 余英时：《朱熹的历史世界：宋代士大夫政治文化的研究》，北京：生活·读书·新知三联书店，2011年。

三、研究论文

[1] 蔡方鹿：《朱熹"心统性情"说新论》，《孔子研究》，1991年第4期。

[2] 曾春海：《唐君毅论朱熹主敬穷理的工夫涵义》，《朱子学刊》，2013年第23辑。

[3] 曾奕、陈怡：《性情问题与朱子、张南轩辩仁爱之不同》，《哲学与文化》30卷10期，2003年10月。

[4] 陈佳铭：《近年来中国朱子学研究述评》，收入吴震主编：《东亚朱子学新探》下册，北京：商务印书馆2020年版。

[5] 陈佳铭：《论朱子的神体义》，《中正大学中文学术年刊》，2010年第二期（总第十六期）。

[6] 陈佳铭：《朱子格物思想中'心与理'的属性与关系新探》，《中国文哲研究集刊》，第42期。

[7] 陈来：《朱子四德说续论》，《中华文史论丛》，2011年第4期。

[8] 陈林：《朱子晚年工夫思想的发展与完善——以"已发未发"为

中心》,《江淮论坛》,2015 年第 6 期。

[9] 陈振崑:《论朱子"心统性情"的"心"是本心还是气心?》,《华梵人文学报》第 18 期。

[10] 陈振崑:《牟宗三与唐君毅对朱子心统性情说的对比诠释》,《中国文哲研究通讯》第二十六卷第二期,2016 年 6 月。

[11] 陈振崑:《唐君毅对朱子德性工夫论的诠释》,《鹅湖月刊》,2012 年第 10 期。

[12] 丁为祥:《儒佛因缘:宋明理学中的批判精神与排拒意识》,《文史哲》,2015 年第 3 期。

[13] 冯耀明:《朱熹心性论的重建》,收入钟彩钧主编:《国际朱子学会议论文集》上册,台北:"中研院"文哲所 1993 年版。

[14] 郭晓东、焦德明:《"气"是否具有道德意义?——论朱子对孟子"浩然之气"的解读》,收入郑宗义主编:《中国哲学与文化》第十三辑,桂林:漓江出版社 2016 年版。

[15] 何绍锦:《从"知觉"视角重构朱子"心"的概念》,《中国哲学史》,2022 年第 2 期。

[16] 和溪:《是非与道德——朱子智德的认识论意义》,《哲学与文化》,2021 年第 8 期。

[17] 黄鸿文:《朱子"中和四札"年代研究》,《思与言》,2012 年第 4 期。

[18] 黄莹暖:《从"心之知觉"论朱子之"心"的道德动能——从"知觉是智之事"谈起》,《国文学报》第 57 期,2015 年 6 月。

[19] 黄莹暖:《从心性架构与格致工夫看牟宗三先生诠释朱子思想的特点》,收入《当代儒学研究》第八期,桃园:台湾中央大学中文系儒学研究中心,2010 年。

[20] 黄莹暖:《再论朱子之"心"》,《鹅湖学志》,2016 年第 56 期。

[21] 焦德明:《克己与主敬:朱子晚年的工夫抉择》,《中州学刊》,2019 年第 12 期。

[22] 金春峰:《对朱熹哲学思想的重新认识——兼评冯友兰、牟宗三解释模式之扭曲》,《学术月刊》,2011 年第 6 期。

[23] 赖区平:《"心是灵气"作为道学共识——给予道学史的考察》,

《哲学与文化》，2019 年第 4 期。

[24] 赖尚清：《朱子与张栻"〈仁说〉之辨"书信次序详考》，《厦门大学学报（哲学社会科学版）》，2014 年第 4 期。

[25] 李承焕：《朱熹未发概念之道德心理学含意探析》，《黑龙江社会科学》，2014 年第 2 期。

[26] 李秋莎：《朱子与张南轩〈仁说〉讨论相关书信系年再考》，《国学研究》第 30 卷，北京：北京大学出版社，2012 年。

[27] 李秋莎：《朱子与张南轩〈仁说〉异同述考》，《切磋集系列》2010 年 00 期。

[28] 卢兴：《"四端""七情"：东亚儒家情感哲学的内在演进》，《哲学研究》，2018 年第 6 期。

[29] 蒙培元：《论朱熹的"心统性情"说》，《天水师范学院学报》，2011 年第 3 期。

[30] 蒙培元：《朱熹心统性情说再议》，《儒家典籍与思想研究》，2010 年第 00 期。

[31] 唐文明：《朱子〈仁说〉中的义理与工夫》，《北京大学学报（哲学社会科学版)》，2017 年第 3 期。

[32] 唐文明：《朱子论天地以生物为心》，《清华大学学报（哲学社会科学版)》，2019 年第 1 期。

[33] 王新宇：《朱子参悟"中和旧说"考辨》，《常州大学学报（社会科学版)》，2016 年第 6 期。

[34] 文碧方、洪明超：《张栻早期、中期与晚期工夫论之演变》，《湖南大学学报（社会科学版)》，2019 年第 4 期。

[35] 吴略余：《论朱子哲学的理之活动义与心之道德义》，《汉学研究》第 29 卷第 1 期。

[36] 吴震：《"心是做工夫处"——关于朱熹"心论"的几个问题》，吴震主编：《宋代新儒学的精神世界——以朱子学为中心》，上海：华东师范大学出版社 2009 年版。

[37] 杨国荣：《化当然为必然：朱熹思想的内在趋向》，《中山大学学报（社会科学版)》，2009 年第 1 期。

[38] 杨国荣：《理念与境遇——论朱熹的伦理思想》，《孔子研究》，

2001 年第 3 期。

[39] 杨少涵：《朱子哲学之义理架构及其理论问题》，《中州学刊》，2014 年第 8 期。

[40] 杨宪邦：《李退溪与朱熹性情观的异同》，《退溪学报》第 26 辑，1987 年 12 月。

[41] 杨祖汉：《牟宗三先生的朱子学诠释之反省》，《鹅湖学志》第四十九期，2012 年 12 月。

[42] 杨祖汉：《朱子心性工夫论新解》，《嘉大中文学报》，2009 年第 1 期。

[43] 杨祖汉：《朱子与康德敬论的比较》，《杭州师范大学学报（社会科学版)》，2018 年第 4 期。

[44] 张立文：《论朱熹的"体"与"用"范畴》，《学术月刊》，1984 年第 7 期。

[45] 朱人求：《道学话语的形成、发展与转折——以宋代"定性说"的展开为中心》，《哲学研究》，2008 年第 1 期。

[46] 朱人求：《东亚朱子学研究的新方法》，《厦门大学学报（哲学社会科学版)》，2014 年第 4 期。

[47] 朱人求：《刘子翚儒学思想及其对朱子的影响》，《安徽师范大学学报（人文社科版)》，2019 年第 1 期。

[48] 邹顺康：《朱熹道德修养思想简论》，《道德与文明》，2009 年第 4 期。

附录　朱子"人自有生"四书年代考论

　　朱子在四十岁时提出"中和新说",形成了他自己成熟的思想体系。然而他的"新说",是基于对自己"中和旧说"的否定而转出的。如果不了解"中和旧说",就无法真正深刻地把握"新说"。因此可以说,"中和旧说"虽然被朱子所放弃,但无论是研究朱子哲学还是宋明理学思潮,都还是应该对此加以重视。

　　关于朱子"中和旧说"的主要材料,是在朱子《文集》卷三十中保留的《答张钦夫》(人自有生)、(前书所扣)两书,以及卷三十二保留的《答张钦夫》(诲喻曲折数条)、(前书所禀)两书,学界一般称之"人自有生"四书。但问题是,此四书的成书年代,学界至今未有定论,说法各异。基于此,本文不惮烦琐,对此进行详细的考订并讨论,力图解决此问题,为研究"中和旧说"确立一个稳固的文献根基。

　　此四书的时间,学界一般有两种说法。一种系于乾道二年(1166)丙戌,一种系于乾道四年(1168)戊子。乾道三年(1167)朱子赴湖湘访学,两种说法分别系于湖湘行之前与之后,必然导致截然不同的结论,因此值得重视并进行仔细考察。

　　主张系于乾道二年者,前有王懋竑,后有陈来、束景南等人。主张系于乾道四年者,前有钱穆、刘述先,后又有黄鸿文著文力主此说,并批评陈、束之考证。

　　与此四书紧密相关者,为朱子《答何叔京》一到四书,此四书前后相续,并且时间在乾道二年,此诸家皆无异论。而陈来、束景南等人,力主朱子"人自有生"四书与《答何叔京》诸书之思想一致,以此论证中和旧说在乾道二年。与此相反,钱穆、黄鸿文等人,则主"人自有生"四书与《答何叔京》诸书不类,以此反证其不在同年而在戊子年。

　　因此,对此问题有两点要探讨。其一,"人自有生"四书的先后次序;

其二，此四书与《答何叔京》诸书的关系，并确定四书所作时间。两个问题互相交织纠缠，以下先以一个表格将几种说法直观呈现出来：（为方便起见，按照朱子《文集》的顺序，《答张钦夫》"人自有生"称为"一"①；"前书所扣"称为"二"②；"诲喻曲折数条"称为"三"③；"前书所禀"称为"四"④）。

	乾道二年丙戌（1166）	乾道三年丁亥（1167）	乾道四年戊子（1168）
王懋竑⑤	一、二、三、四		
牟宗三⑥	一、四、二、三		
钱穆⑦			一、二、三、四
刘述先⑧			一、四、二、三
陈来⑨	一、四、二	三	
束景南⑩	一、二、三、四		
王新宇⑪	一、二	三、四	

由此可见不同意见之纷纭复杂，下文即分别对此两点展开讨论。（由于本文涉及的文本众多，篇幅又长，因此不做长篇大段引用，请读者自行对照）

一、"人自有生"四书次序考

首先考察四书之顺序。第一书最先，第二书中有"发者方往而未发者

① 朱熹：《朱熹集》，四川教育出版社，1997年，第1289–1290页。
② 朱熹：《朱熹集》，四川教育出版社，1997年，第1290–1291页。
③ 朱熹：《朱熹集》，四川教育出版社，1997年，第1371–1373页。
④ 朱熹：《朱熹集》，四川教育出版社，1997年，第1373–1374页。
⑤ 王懋竑：《朱熹年谱》，中华书局，1998年，第302–305页。
⑥ 牟宗三：《心体与性体》（下），上海古籍出版社，2010年，第86–89页。
⑦ 钱穆：《朱子新学案》，九州出版社，2016年，第231–239页。
⑧ 刘述先：《朱子哲学思想的发展与完成》，长春：吉林出版集团有限责任公司，2015年，第86–88页。
⑨ 陈来：《朱子哲学研究》，北京：生活·读书·新知三联书店，2010年，第193–198页。
⑩ 束景南：《朱熹年谱长编》，华东师范大学出版社，2014年，第355–359页。
⑪ 王新宇：《朱子参悟"中和旧说"考辨》，《常州大学学报（社会科学版）》，2016年第6期。

方来",第三书中有"前此方往方来之说",因此第三书承接第二书,对此以上各家皆无异议。不同意见只在第四书的时间,或说承于第一书,或说承第三书。此处由三方面考证,论证第四书在一、二两书之间。

(一)论第四书接于第一书

牟宗三认为第四书承接第一书。他提出,第一书正式陈述"寂然未发之旨,良心发见之端",而第二书则只答南轩"两物"之疑。第四书不答南轩之疑,并且没有酬对之意,乃是自陈己意,其意旨与辞气,均与第一书相近。因此当是第一书发出后,紧随着发第四书,所以第四书说"比遣书后,累日潜玩"。而两书发出后,遂有南轩"两物"之疑,于是才有第二书之回答。① 刘述先、陈来观点与此相同。但牟宗三虽然说两书意旨、辞气相近,却考证简略,以下详细论证。

第一书主旨在于,指出人的念虑活动无时不息,"未发"不是人心在时空中的一种暂时休息或不与物接的状态,人心无论何时都处于已发中。虽然天命流行,生生不息,未发之本体原本即未尝发。而心之天理随时随处发见,不受桎梏。此时应当"致察而操存",方能贯通大本达道,反之则陷于禽兽。

第四书主旨在于,人心发用无时不息,据其已发,可指其未发。已发是人心,未发是性。日用间,体用、动静、本末无间。存养之工夫,即存养此而已,不待安排。

仔细比较两书,可由下六条证第四书接续第一书。

(1)第四书云"前书所禀寂然未发之旨,良心发见之端",第一书开头即讨论"圣贤之言,则有所谓未发之中",通篇讨论"未发";又第一书末尾云:"足以验大本之无所不在,良心之未尝不发矣。"由第四书对"前书"主旨的总结以及概念的表述,可知所指即第一书。

(2)第四书云:"平日所疑而未白者,今皆不待安排,往往自见洒落处。"又云:"从前是做多少安排,没顿着处。今觉得如水到船浮,解维正柂而沿洄上下,惟意所适矣。"这里所谓"安排",即承接第一书谈及自己"尝试以此求之,则泯然无觉之中,邪暗郁塞,似非虚明应物之体,而几微之际一有觉焉,则又便为已发,而非寂然之谓"。这里所谓"洒落",即

---

① 牟宗三:《心体与性体》(下),上海古籍出版社,2010年,第88页。

承接第一书自己后来"退而验之于日用之间，则凡感之而通，触之而觉，盖有浑然全体应物而不穷者"。

（3）第四书云："致知格物、居敬精义之功，自是其有所施之矣。"说明此时发现了工夫的下手处，承接第一书云："学者于是致察而操存之，则庶乎可以贯乎大本达道之全体而复其初矣。"第四书用"致知格物、居敬精义"与第一书"致察而操存"似乎不同，然而朱子所谓"致察"即是"致知"工夫，"操存"即是"居敬"工夫，此有伊川学的背景。

（4）第四书云："通天下只是一个天机活物，流行发用，无间容息。"承接第一书云："天命流行，生生不已之机，虽一日之间万起万灭。"

（5）第四书云："夫岂别有一物拘于一时、限于一处而名之哉？"承接第一书云："夫岂别有一物，限于一时，拘于一处，而可以谓之中哉？"两者措辞基本一致。

（6）第四书云"其于实体似益精明"，这说明，在此书中朱子对概念使用和措辞，应该更精确。考察第一书云："天理本真，随处发见，不少停息者，其体用固如是。"这里没有说明"体用"所指，然而"体"当指人心之"天理"，而"用"当指心在日用中的随处发见作用。而第四书云："盖通天下只是一个天机活物，流行发用，无间容息。据其已发者而指其未发者，则已发者人心，而凡未发者皆其性也，亦无一物而不备矣……此所以体用、精粗、动静、本末洞然无一毫之间。"此处亦从天理流行发用处讲起，这个"天机活物"能"发用"，因此同样是以此人心的天理为"体"，而日用处之发用为"用"。其更精确处在于，指出此未发之"体"为"性"，此已发之"用"为"心"，又指出两者的关系是"无一毫之间"，精确地表明了两者的关系。这可见对于同样的内容，第四书比第一书更精确。

若云一条偶合则可，不可能如此数条皆合，此可见第四书显然承接第一书。

（二）论第二书接于第一、四书

前面已经证明第四书在第一书后，并且讨论同一主题，此处证明其书在第二书之前。

朱子第二书的主旨在于，回应南轩认为自己有"两物之蔽"，主张一念之间即具体用，了无间隔。认为未发为体，因此反对龟山"未发之前"

"未发之际"的说法。同时也怀疑伊川《语录》"存养于未发之时"一句，批评南轩书中有"未发之前"的说法。又主张未发是已发不息的根源。

比较此书与第一、第四书，有三条可证此书在后。

（1）第二书云南轩怀疑朱子有"两物之蔽"，所谓"两物"，乃是视已发、未发为二。第一书云："天命流行，生生不已之机，虽一日之间万起万灭，而其寂然之本体则未尝不寂然也。所谓未发，如是而已。"这一句指出了未发是"寂然之本体"，而已发是万起万灭处。但是没有讨论未发、已发是何种关系。第一书又云："天理本真，随处发见，不少停息者，其体用固如是。"此处点出作为"体"的"天理"，以及随处发见的"用"，但同样没有指出此体用相互间的关系。第一书末云："大本之无所不在，良心之未尝不发矣。"这点出了"未发"之大本无所不在，不是时空中的状态，又点出发用的良心未尝不发，但是依然没有讨论"未发""已发"，"体""用"之间的关系，因此两者还是"二"而非"一"，因为其间关系尚未讨论。而在第四书中，有云："据其已发者而指其未发者，则已发者人心，而凡未发者皆其性也，亦无一物而不备矣……即夫日用之间，浑然全体，如川流之不息，天运之不穷耳。此所以体用、精粗、动静、本末洞然无一毫之间，而鸢飞鱼跃，触处朗然也。"此处指明了"已发"为"心"，"未发"为"性"，并且提出可以由"已发"来认识"未发"，但此"心""性"的本质关系如何则未讨论。又，此书好像讨论了"体用"的关系，认为体用是"无间"的，但是这种"无间"只是从外部说明了两者关联紧密不可分，依然未说明两者究竟是一还是二。因此，第四书中讨论"已发""未发"，"心""性"，虽然指出它们关系紧密，不可分割，但是仍然没有从本质上提出它们的关系，所以南轩怀疑朱子认为两者是"两物"。为了回应南轩此说，此第二书比第一、第四书更深刻地揭示了两者的本质关系。朱子说："只一念间已具此体用，发者方往而未发者方来，了无间断隔截处，夫岂别有物可指而名之哉？"他强调"一念间"，表明了此"体用"同时而在，意图避免南轩认为两者"无间"是在时间中连续的"无间"。而"发者方往而未发者方来"并不是讨论"未发"与"已发"的问题，因其表达有歧义，因此在后第三书中他自己有检讨。这里想表达的是，"发者"是指日用中的已发，"未发者"是指尚未到来的"已发"（也即可标示为"'发'者方往而未'发'者方来"）。这一句要表明的是，日用中已发没有片刻休息。因为在第一书中有"一日之间万起万灭"，会被误解为"起"是"发"，而"发"者在时间上有片刻的"灭"的过程。朱子虽然屡次强调"未发"不是时间过程，但这还是有被南轩诟病"两物"的嫌疑处（第四书没有这种说法了，但是其所谓"流行发用，无间容息"与"体用无间"之"无间"，亦可存有被这样理解的歧义）。因此朱子在此书中为了避免被认为是"两物"，就声称"发"本身是无间断的，一念之发即具体用，不能在此一念之外别有物而指名，也即此"无间"绝非"连续"义的"无间"。甚至朱子还批评了任何带有时间含义的词语，如"前""际"等。更进一步，朱子也回答了"未发""已发"的本质关系。他说："若无此物，则天命有已时，生物有尽处，气化断绝，有古无今久矣。"这是认为，"未发"是"已发"之所以能够存在，能够"发用"的内在根据和原因，如果没有此"未发"，"已发"则不可能存在。这一点是第一书和第四书都没有点出的，也是解决南轩怀疑"两物"的最重要的理论深化，当然这种"所以然"的关系，要在后面第三书才更清楚地指出。以上从哲学义理的发展角度可见，第一、第四书皆在前，第二书有义理的发展，在其后。

（2）第二书云："今着一'时'字--'际'字，便是病痛。"此对龟山的批评，与第四书云"夫岂别有一物拘于一时、限于一处而名之哉"相承接。

（3）第二书云："熟玩《中庸》，只消着一'未'字，便是活处。"此将"未发"与"活"字关联，承接自第四书云："通天下只是一个天机活物，流行发用，无间容息。"此"活物"亦是形容相对于流行发用的"未发"。

（三）论第四书不接于第三书

上已考证第四书承接第一书，而第二书在第一、第四书之后，本已无可疑。然此再从反面证明第四书不可能在第三书之后，以彻底明确其次序。

第三书主旨在于，认为此前诸说，有"一处不透"，前日之说自感"无立脚下功夫处"，于是整日感觉"为大化所驱，如在洪涛巨浪之中，不容少顷停泊"。而如今则发现"一家自有一个安宅，正是自家安身立命、主宰知觉处"。又论天地气化无穷、天地生生不息是气化的根源。

比较此书与第四书，有三条可证其不可能在第四书之前。

（1）第三书云："于'致中和'一句全不曾入思议，所以累蒙教告以求仁之为急，而自觉殊无立脚下功夫处。"此处既然已经知道问题在于未能关注"致中和"，此书之后的讨论应当涉及这个问题。然而第四书主要内容上面已经讨论，其讨论的问题与第一书范围接近，未涉及"致中和"，因此第四书不当在此书之后。

（2）第三书云："其复者气也，其所以复者，则有自来矣。向非天地之心生生不息，则阳之极也一绝而不复续矣。尚何以复生于内而为阖辟之无穷乎？"即认为天地气化不息，而其"所以"能不息者，有其根源，即是天地之心。这表明"天地之心"是"气化"不息的内在根据，此承接第二书："若无此物，则天命有已时，生物有尽处，气化断绝，有古无今久矣。"甚至这里比第二书更深刻而清晰地指出此"天地之心"与气化的关系是一种"所以然"的关系，而第二书虽然观点一样，却未能指出。而前面论及，这种深刻的思维是第一、第四书尚未有的。

（3）关于"安宅"的问题，亦要从"所以然"的角度来理解。在第一、第四书中，"已发""未发"的关系被朱子说成一种"相伴随"的关系，虽然在天命流行中未发"寂然不动"，并且"大本之无所不在，良心之未尝不发"（第一书），但是人所能感觉到的是"初无顷刻停息"（第一书），而要做工夫，则是"虽汩于物欲流荡之中，而其良心萌蘖，亦未尝不因事而发见。学者于是致察而操存之"（第一书），也即要随着这"已发"之发见去做。并且，要体认此"未发"，亦只能是"据其已发者而指其未发者"（第四书）。这都表明，此时做工夫，或者是体认"未发"，都要立足"已发"、伴随于"已发"来进行。这就导致了一个问题，"已发"是"念念迁革""万起万灭""无间容息"的，要时时刻刻关注"已发"来进行修身，那么必然就感觉自己被裹挟入此变幻莫测之中，正如第三书所谓："只见得个直截根源倾湫倒海底气象，日间但觉为大化所驱，如在洪涛巨浪之中，不容少顷停泊。"之所以如此，便是因为把所有精力集中于"已发"，那么纵使"未发"本是"寂然不动"的，但是当对未发的"体认"要借助"已发"时，人就必须无时无刻地追逐着"已发"，于是必然有朱子的这般感受。因此，此时朱子感觉做工夫亦有被裹挟地"无着身处""无立脚下功夫处"。而在第三书中，朱子最重要的收获是发现了一个"安宅",也即,把"未发"和"已发"的体认,从"相伴随"的关系转为一种"所以然"的关系。正如上述第二书中,朱子为了避免南轩"两物"之疑,主张体用之"无间"("未发"与"已发")不是时间中"连续"的无间,而是"体"是"用"的内在根据。到了此书,则借"天地生物之心"明确了这种内在根据是一种"所以然"。原先强调随着"已发"去体认和做工夫把握"未发",表现出"未发"受到"已发"的制约,因此人就只能被"已发"所左右。而今,他认识到"未发"是"所以然","未发"本身即是一种制约、主宰"已发"者,情况就完全逆转过来了。但是,在作用层、工夫层,确实依然要从"已发"入手去体认和做工夫,但朱子明确了本体层上"未发"才是"已发"的主宰,那么自然就有一种体认到了"未发"即是把握了"主宰者"的感觉,这正是他所谓"安身立命、主宰知觉处"中强调的"主宰"。既能感觉到"主宰",就不再总是只能随着"已发"而漂泊了,而是认识到己心有确然不可移之处,这便是"安宅"。可见,第三书在义理上是比其他三书都更深刻的,必然在最后。

以上依循义理的角度,从三个方面反复交错地进行考察,确定了第四书的位置。这些证据,如果单独一两条来看,似乎不够有力,很难确证,但是全体综合起来看,零散的证据均指向此结论,当非偶然。下文的考察,还会再从更深刻的义理脉络来证明此点。

二、"人自有生"四书年代考:与《答何叔京》数书同时

以下讨论四书所在年份的问题。

此问题的关键,就是此四书与《答何叔京》诸书关系。朱子《文集》卷四十《答何叔京》一至四书①前后相续,各家无异论。据束景南考证,第一书作于乾道二年(1166)五月十八日,第二书作于七月,第三书作于九月至十月间,第四书作于十一月。②束景南、陈来论"人自有生"四书与此数书同时,主要有三个证据。第一,《答何叔京》三云:"若果见得分明,则天性人心、未发已发浑然一致,更无别物。"这与"人自有生"第

---

① 朱熹:《朱熹集》,四川教育出版社,1997年,第1839–1847页。
② 束景南:《朱熹年谱长编》,华东师范大学出版社,2014年,第358–359页。

二书"大抵此事浑然"、第四书"即夫日用之间,浑然全体"意思相同。
第二,《中和旧说序》中谈及怀疑程子之言,《答何叔京》三云:"虽子程
子之言,其门人所记录亦不能无失。""人自有生"第二书也有"《语录》
亦尝疑一处"。第三,《答何叔京》二云"近得伯崇过此,讲论逾月",而
"人自有生"第四书云"近范伯崇来自邵武",当在同时。① 为直观乃做一
表格如下:

			乾道二年	
《答何叔京》四书	一(五月)	二(七月)"近得伯崇过此,讲论逾月。"	三(九月至十月)① "若果见得分明,则天性人心、未发已发浑然一致,更无别物。"② "虽子程子之言,其门人所记录亦不能无失。"	四(十一月)
《答张钦夫》"人自有生"四书		第四书:"近范伯崇来自邵武,相与讲此甚详。"	第四书:① "据其已发者而指其未发者,则已发者人心,而凡未发者皆其性也,亦无一物而不备矣……即夫日用之间,浑然全体,如川流之不息,天运之不穷耳。此所以体用、精粗、动静、本末洞然无一毫之间。"第二书:② "《语录》亦尝疑一处……"	

可见,他们主要通过三个证据的关联,视"人自有生"第四书、第二
书与《答何叔京》第二书、第三书时间相同。而若根据前面所论,"人自
有生"四书的顺序是"一""四""二""三",那么可推知,至少前面三
书成于乾道二年,结论则是"中和旧说"主要在乾道二年。

但是此说证据不够多,而引发质疑。钱穆先生主张四书在戊子年,并
提出许多理由,陈来对此有所反驳。但对于钱穆主张中最重要的一点,他
却未予置评,即认为《答何叔京》数书"正是怀念延平遗教,彷徨寻索,

---

① 陈来:《朱子哲学思想》,第 194—196 页。

与'中和旧说'认心为已发者意态绝不同"。① 钱穆还提出在乾道三年的《答何叔京》第八书中，"正见朱子当时之心情，所为于延平遗教追念不置也。"② 因此，黄鸿文即由此点入手，抓住《答何叔京》数书有对延平的怀念之情，并且有延平教法的特点，判断其与"人自有生"诸书"不类"，反证两者不在同年，并反驳陈来、束景南的说法。③

因此以下即疏通《答何叔京》诸书，讨论其与"人自有生"四书的关系，证明它们并无决不可并立的差异与矛盾，甚至从义理上相互缠绕，因此应当系于同年。此外，再提出多条证据作为佐证。

（一）《答何叔京》二释疑及疏通

对于所谓怀念延平，见《答何叔京》二，朱子向何镐介绍了延平的教法是"于静中体认大本未发时气象分明"，并且说自己当初贪听讲论，喜好训诂，于是对延平之教感觉若存若亡。但是朱子提到"因下问之及，不觉怅然"，他谦称何镐不耻下问论及此事，自己介绍时回想到老师而感觉怅然。可见，朱子提及延平，乃是出于何镐的咨询，而朱子自己说的不得力于此，也是说延平之教法自己未能有得。但这不妨碍他对于自己新领悟的"中和旧说"有所感触，只是此文讨论的是延平，因此他就此事而说。

此书又云："近得伯崇过此，讲论逾月，甚觉有益。所恨者，不得就正于高明耳。它日伯崇相见或通书，当能备言之。"这首先可以证明和伯崇讨论时，得到一种新观点，方才有"就正于高明"的说法。然而朱子说"不得就正"，这也许是因为初悟此说，难以书信"备言"，或许因为何镐来书意在问延平，不便多言，因此朱子说让范伯崇异日与何镐相见再面谈此说。如此解释，对《答何叔京》二之质疑可释然。

（二）《答何叔京》三释疑及疏通

以下分四点讨论。

（1）质疑者以《答何叔京》三中云及"验操存虽不敢废"为延平教法。不可否认，设若朱子在当年初悟"中和旧说"，因思想尚未透彻，也不可能贸然反对其师，故有思想上的痕迹很正常。"体验操存"在用词概念上有其师的痕迹，但是，此两概念绝非延平之教的专有概念，而是道学

---

① 钱穆：《朱子新学案》，九州出版社，2016年，第257页。
② 钱穆：《朱子新学案》，九州出版社，2016年，第258页。
③ 黄鸿文：《朱子"中和四札"年代研究》，《思与言》，2012年第4期。

的通行概念，"人自有生"第一书云"退而验之于日用之间，则凡感之而通，触之而觉"，这个"验"，不能说不是"体验"；而又云"其良心萌蘖，亦未尝不因事而发见。学者于是致察而操存之"，第四书之"存者存此而已，养者养此而已"，此"操存""存养"，不能说就不是上之"操存"。而论者以"体验"放在"操存"之前为延平教法之证①，则此据不够有力。

（2）我们发现，朱子随着自己的新悟，慢慢开始偏离甚至改换了其师的说法。《答何叔京》三云："此正天理人欲消长之几，不敢不着力。"也即朱子的着力点，在于"几"处，而"几者，动之微"（《系辞》），是刚萌发的苗头，但却属于"已发"，在此"几"之"已发"处用力，已经背离了延平"体验未发"的说法。更有甚者，在其后《答何叔京》四云："昔闻之师，以为当于未发已发之几默识而心契焉。"延平的真正教法，乃是朱子在《延平先生李公行状》中说的："验夫喜怒哀乐未发之前气象为如何。"考察《延平答问》，从未出现"未发已发之几"，乃至从未出现"几"这个概念，可见"几"之说绝非延平之教。朱子在此时甚至把延平教法的"未发"之"前"，置换成了"几"（甚至其心有所不安，故而置换此"几"时，还在"未发"前面加了"已发"二字），已经更明显地背离了其教。这唯一的解释，就是朱子此时一方面沉浸在"中和旧说"的思考中，另一方面心中又未欲彻底背离延平之教，于是乎两种教法发生了混杂，才把延平之说和自己之新悟夹杂。从《答何叔京》三、四的这点，正可反证此时朱子在"中和旧说"的阶段。

（3）《答何叔京》三云："见得分明，则天性人心、未发已发浑然一致，更无别物。"这段历来讨论都会涉及，因此不再过多详细展开。根据上表，可见此与"人自有生"第四书相通。"人自有生"第四书云"已发者而指其未发者，则已发者人心，而凡未发者皆其性也"，朱子在此对"心""性"概念都进行界定，可见是初次领悟此说，方要说清楚。而《答何叔京》三谈及"天性人心""未发已发浑然一致"时则是一语带过，没有展开说明，这显然是已经清楚此中含义后的语气。这也可佐证《答何叔京》三时间晚于"人自有生"第四书。

---

① 参见黄鸿文：《朱子"中和四札"年代研究》，《思与言》，2012年第4期。

（4）"人自有生"第二书云"《语录》亦尝疑一处"，并致书南轩讨论。而《答何叔京》三云："虽子程子之言，其门人所记录亦不能无失。盖记者之误，不可不审所取也。"前书可以说尚是一种怀疑，而此书直下判定《语录》有误，两者语气有如此差别。此可佐证《答何叔京》三时间微迟于"人自有生"第二书，至少不可能时间相反。

综上四条理由，可证《答何叔京》三与中和旧说同时，并迟于"人自有生"四、二书。并且，也正因为如此，在"人自有生"第二书质疑了龟山之"未发之际"的工夫后，在稍后《答何叔京》三就曲解了延平的工夫。

（三）《答何叔京》四释疑及疏通

此分两点讨论。

（1）《答何叔京》四云"随事应物，不敢弛其警省之功"，注重随事应物，与"人自有生"第一书所谓："其良心萌蘖，亦未尝不因事而发见"相同，而中和旧说的要点也是在日用间的"未发"处做工夫。

（2）《答何叔京》四云："昔闻之师，以为当于未发已发之几默识而心契焉，然后文义事理触类可通，莫非此理之所出，不待区区求之于章句训诂之间也。"此说改换了延平的教法，上文已经讨论。而此处的关键在于，朱子接下来说："向虽闻此而莫测其所谓，由今观之，始知其为切要至当之说，而竟亦未能一蹴而至其域也。"这里就涉及延平的思想与其"中和旧说"相纠缠，而促进其"中和旧说"发展的问题了。上文曾经提到，在"人自有生"第二书中朱子受到南轩"两物"的质疑，然后意识到了"未发"是"已发"的内在根据，而在第三书中，朱子清晰地说明了这种关系是"所以然"的关系。而第三书作于次年初夏（见后文），第二书作于《答何叔京》四之前（因为上文论证了其在《答何叔京》三之前），于是乎我们发现《答何叔京》四处于朱子对"未发""已发"关系的深入把握的阶段，对延平的赞叹，正由此入手可解。《延平先生李公行状》论延平的教法"体验未发"之后云："盖天下之理无不由是而出，既得其本，则凡出于此者，虽品节万殊，曲折万变，莫不该摄洞贯。"①《答何叔京》二中也云其"大抵令于静中体认大本未发时气象分明，即处事应物，自然中

---

① 朱熹：《延平先生李公行状》，《朱熹集》，四川教育出版社，1997年，第4985页。

节"。这都可见，若能把握"未发"，在"已发"处自然能"中节"。也即，"未发"对"已发"有一种主宰的力量，这是道南一系强调"体验未发"的原因。而朱子必定在此时领悟到此一精髓，因此他在本书中随着自己的新悟改换了"体验未发"的工夫，却保留了这种"未发"能够主宰"已发"的思想。这种"主宰"的观点，正体现了"人自有生"第二书到第三书的思想发展过程，正是第三书领悟到的"所以然"以及"安宅"。介于其中的此书，方才感慨延平之说"为切要至当之说"。这表明，朱子"中和旧说"的思想过程中，有一个"延平教法"的因素起着重要的作用，正是这个因素促成了其发展。于是，我们才会在《答何叔京》四中看到非常奇怪的画面，一方面赞叹延平，另一方面又置换了其"体验未发"为"未发已发之几"。

由上之疏通与释疑，可以发现，《答何叔京》数书，与"人自有生"四书，绝无"不类"，不但主旨不相背离，反而在其穿插往复中，可见朱子思想发展的一贯性。《答何叔京》数书对延平的讨论，不但不能证明其与"中和旧说"不同时，反而证明了朱子"中和旧说"的发展变化，内含延平教法的因素。这些都表明此数书皆在同时（乾道二年），其思路贯通，毫无龃龉。

三、"人自有生"四书年代考：旁证六条

若疑以上之论证证据不够充分，以下又从六个方面提出旁证。此六点是作为上文的补充，其有效性有强有弱，因此以下按照证据强度排列。

（一）"夜气"说

无论是和张南轩的"中和旧说"，还是与何叔京的通信，其间还有一条讨论"夜气"的思想脉络。顺此脉络之发展，亦可证"中和旧说"的时间。以下按照几个节点捋顺此脉络。

（1）延平之"夜气"说。朱子在问学延平时，就有相关讨论：

"大凡人礼义之心何尝无？唯持守之，即在尔。若于旦昼间不至梏亡，则夜气存矣。夜气存，则平旦之气未与物接之时，湛然虚明，气象自可见。"①

---

① 朱熹：《延平答问》，《朱子全书》（第十三册），上海古籍出版社，安徽教育出版社，2010年，第320页。

"夜气之说所以于学者有力者，须是兼旦昼存养之功，不至梏亡，即夜气清，若旦昼间不能存养，即夜气何有！"①

由此可见延平主张"夜气"本身不可执守，用功应当在旦昼间。旦昼间若能用功，则夜气自会存，旦昼间不能用功，则夜气不存。

（2）"人自有生"第一书。其书云：

"故虽汩于物欲流荡之中，而其良心萌蘖，亦未尝不因事而发见。学者于是致察而操存之，则庶乎可以贯乎大本达道之全体而复其初矣。不能致察，使梏之反覆，至于夜气不足以存而陷于禽兽，则谁之罪哉？"

此处认为，工夫当在日用间"致察"，如果不能致察，导致桎梏，夜气即不存。此处同样认为"夜气"本身不可执持，尚是延平教法（上文已经详论延平教法与中和旧说相互缠绕）。此时还未把"夜气"和"未发"关联起来。

（3）《答许顺之》（乾之为卦）。此书在乾道二年冬。② 此书云：

"人皆本有仁义之心，但为物欲所害，恰似都无了。然及其夜中休息之时，不与物接，其气稍清，自然仁义之良心却存得些子。所以平旦起来，未与物接之际，好恶皆合于理。然才方如此，旦昼之所为便来梏亡之，此仁义之心便依前都不见了。至其甚也，夜间虽得休息，气亦不清，存此仁义之心不得，便与禽兽不远。学者正当于旦昼之所为处理会克己复礼、惩忿窒欲，令此气常清，则仁义之心常存，非是必待夜间万虑澄寂，然后用功也。"③

此说法和延平之教基本相同，依然强调要在旦昼之间用功，"夜气"不可执持。但此书指出了"夜气"发生于"休息"之时。

---

① 朱熹：《延平答问》，《朱子全书》（第十三册），上海古籍出版社，安徽教育出版社，2010年，第321–322页。

② 参见顾宏义：《朱熹师友门人往还书札汇编》，上海古籍出版社，2017年，第920–2922页。其由此书之后一书《答许顺之》（书中所喻）反推此书在乾道二年冬。然其系《答许顺之》（书中所喻）于乾道三年三四月间。往前推尚未能推至二年冬，借由《答何叔京》七作于乾道三年一月，而比此书论"夜气"更深刻，必在其后，如此亦可推至二年冬。

③ 朱熹：《朱熹集》，四川教育出版社，1997年，第1785页。

（4）《答何叔京》七（昨承示及遗说后八篇），此书作于乾道三年一月。① 其中云：

"'夜气'以为休息之时则可，以为寂然未发之时则恐未安。魂交而梦，百感纷纭，安得为未发？而未发者又岂专在梦寐间耶？赤子之心程子犹以为发而未远乎中，然则夜气特可以言'复而见天地心'之气象耳。若夫未发之中，则无在而无乎不在也。"②

这里同于前书主张"夜气"是在"休息"之时，但他又引入"未发"的概念，认为两者不可等同。因为他意识到"夜气"具有时间概念，而"未发"则非时间概念。他又引入"复见天地之心"，主张可以通过夜气把握天地之心的气象，这说明"夜气"处可以做工夫。可见"夜气"这个问题，到此书方才进入他"中和旧说"的思想深处。此外，他还认为"未发"是"无在而无乎不在"，这与"人自有生"第一书中的"大本之无所不在"的理解完全相同。

（5）《答何叔京》八（熹碌碌讲学亲旁）。此书在乾道三年初夏。③ 此书云：

"钦夫极论复见天地心，不可以夜气为比。熹则以为夜气正是复处，固不可便谓天地心，然于此可以见天地心矣。"④

此书明显承上书《答何叔京》七，必是朱子将其说告知南轩，南轩回信反对。朱子解释南轩误解其说，并澄清了"夜气"和"复见天地之心"的关联，"夜气"不是"天地之心"，而是说，在"夜气"处可以做工夫把握"天地之心"。

（6）"人自有生"第三书。其中云：

"夜气固未可谓之天地心，然正是气之复处，苟求其故，则亦可以见天地之心矣。"

朱子此说与《答何叔京》八完全相同，必是朱子先把此说告诉何镐，

---

① 朱子《答何叔京》六（熹奉亲屏居），据顾宏义《朱熹师友门人往还书札汇编》考证，在乾道三年正月间（参见第829页）。其中有"《遗说》所疑，重蒙镌喻，开发为多。然愚尚有未安者，及后八篇之说附以求教"。而《答何叔京》七全书正讨论《遗说》后八篇，可见此书为第六书之别纸，当在同时。顾宏义误推之于二月。

② 朱熹：《朱熹集》，四川教育出版社，1997年，第1857页。

③ 参见顾宏义：《朱熹师友门人往还书札汇编》，上海古籍出版社，2010年，第838页。

④ 朱熹：《朱熹集》，四川教育出版社，1997年，第1861页。

然后同时写信给南轩，两书必在同时。

（7）《答许顺之》（书中所喻）。此书作于乾道三年三四月。① 此书云："夜气之说，近得来答，始觉前说之有病也。"②

所谓前说，乃是《答许顺之》（乾之为卦），当时尚用延平教法，认为"夜气"不可做工夫，只能在日用间做。而此时已经认识到"夜气"处可下功夫，因此说前说有病。

以上七条，按照此顺序排列，思路一贯而下，颇为顺畅，第（2）、（3）皆秉承延平教法，以工夫在日间而不在"夜气"处；第（4）、（5）、（6）意识到夜气可以见"天地之心"，可以做工夫；第（7）则批评第（3）。而如果"人自有生"诸书不在此时，那么意味着把第（2）与（6）两条抽出来放在后面，如此整个思路便跳跃阻塞，无法畅通了。思想的发展具有逻辑的连续性，而非无规律地跳跃，这也可证明"人自有生"四书必不可能在戊子。又，借助《答何叔京》八，可知"人自有生"第三书在其同时，即乾道三年初夏，约四月。

（二）《观书有感》二首

朱子《答许顺之》（此间穷陋）云"夏秋间，伯崇来相聚，得数十日讲论"③，此即《答何叔京》二所谓"近得伯崇过此，讲论逾月"。其又云："湖南之行，劝止者多……后来刘帅遣到人时已热，遂辍行。"此时朱子尚未赴湖南，可知此书在乾道二年。书中云近作一绝句："半亩方塘一鉴开，天光云影共徘徊。问渠那得清如许，为有源头活水来。"此即描述当年之所"悟"。此绝句在文集中为《观书有感二首》之一，另一首为："昨夜江边春水生，蒙冲巨舰一毛轻。向来枉费推移力，此日中流自在行。"④ 两诗意境相近，当在同时，皆在乾道二年。而《答许顺之》只录有第一首，此时第二首或尚未作。然而在"人自有生"第四书中云："今觉得如水到船浮，解维正柂而沿洄上下，惟意所适矣。岂不易哉！始信明道所谓'未尝致纤毫之力'者，真不浪语。"此诗与此书所描述，若合符节，必在同时，此诗或许在此书作后写就。此亦"人自有生"第四书作于乾道

---

① 参见顾宏义：《朱熹师友门人往还书札汇编》，上海古籍出版社，2010 年，第 2921 页。
② 朱熹：《朱熹集》，四川教育出版社，1997 年，第 1778 页。
③ 朱熹：《朱熹集》，四川教育出版社，1997 年，第 1777 页。
④ 朱熹：《朱熹集》，四川教育出版社，1997 年，第 90 页。

二年之一证。

（三）"编摩"一事

朱子《答石子重》（熹自去秋之中走长沙）在戊子年无疑。钱穆据此书以为"人自有生"四书亦在此年。朱子于乾道三年（1167）十二月除枢密院编修，故陈来认为从书中"熹忽有编摩之命，出于意外"之语气，可知此书作于乾道四年初，而朱子三年底方从湖南至家中，不可能在短时间内与南轩有四书往来。① 黄鸿文则认为陈来用"忽有"二字的语气揣摩此书时间，不够有力。② 然而两人都忽略了朱子下一句话："复闻阙期尚远，足以逡巡引避，遂且拜受。然亦不敢久冒空名，旦夕便为计矣。"③ 朱子说，当他忽然听说此除命时，感觉离赴任时间尚多，有机会可以辞官，于是当时才接受。但是，他不敢"久冒空名"，"旦夕"之间就要想办法辞官。这表明，此书确实应当在知晓除命后不久，如果如黄鸿文所说由于此事重大，甚至半年、一年都可以用"忽有"来表达，那么难道朱子能够接受官职徐徐半年后，还在说不敢久冒空名，旦夕就要"为计"吗？可见此语方是关键。此可证《答石子重》确在四年初，而钱穆中和四书在戊子年的提法，便不可成立。

（四）"活物"与"安排"

"人自有生"第四书中云："盖通天下只是一个天机活物，流行发用，无间容息……存者存此而已，养者养此而已，'必有事焉而勿正，心勿忘勿助长'也。从前是做多少安排。"此处指出体认到"已发"之流行无息后，随处做工夫，便不待"安排"。

《答许顺之》（乾之为卦）云："孟子此四句只是说人心是个活物，须是操守，不要放舍，亦不须如此安排也。"④ 其中亦有基本相同的"活物""安排"两说法。由语气上看，"人自有生"第四书是初体认到之时，此书则是已经有此思路之后直接说出，两书相距不远。上已论《答许顺之》在乾道二年冬，按前说"人自有生"第四书在七月间，正好契合此推论。

---

① 陈来：《朱子哲学研究》，北京：生活·读书·新知三联书店，2010 年，第 197 页。
② 黄鸿文：《朱子"中和四札"年代研究》，《思与言》，2012 年第 4 期。
③ 朱熹：《朱熹集》，四川教育出版社，1997 年，第 1982 页。
④ 朱熹：《朱熹集》，四川教育出版社，1997 年，第 1785–1786 页。

（五）丙戌年之"悟"

"中和旧说"对于朱子来说是一次重大的领悟，因此他在其他书信中一定有所涉及。这里在《答何叔京》数书之外，摘引乾道二年中的书信：

（1）《答罗参议》（某块坐穷山）："时得钦夫书问往来，讲究此道，近方觉有脱然处。潜味之久，益觉日前所闻于西林而未之契者，皆不我欺矣。"①（延平不欺之感，见上文分析。）

（2）《答许顺之》（此间穷陋）："心间无事，得一意体验，比之旧日渐觉明快，方有下工夫处。日前真是一盲引众盲耳。"②

（3）《与张钦夫》（昨见共父家问）："熹闻道虽晚，赖老兄提掖之赐，今幸略窥彷佛。"③

此皆可见，朱子在乾道二年有一次较大的突然的感悟，把"中和旧说"系于戊子年者，对此难以解释。并且，戊子年的书信反而较为平淡。这更说明"中和旧说"当在乾道二年。

（六）对"伯崇"之评价

范伯崇在乾道二年夏秋间在朱子处游学，此无疑。"人自有生"第四书提及"范伯崇来自邵武，相与讲此甚详，亦叹以为得未曾有而悟前此用心之左。"钱穆力主"中和旧说"在戊子年，故假设伯崇在戊子年曾到朱子处游学。我们考察朱子在丙戌年对范伯崇有评价的书信，共四条：

（1）《答许顺之》（此间穷陋）："伯崇来，相聚得数十日，讲论稍有所契。"④

（2）《答何叔京》二："近得伯崇过此，讲论逾月，甚觉有益。"

（3）《答何叔京》三："今人知趣向如此者亦自少得，往往伯崇游谈之助为多也。"

（4）《答何叔京》四："伯崇近过建阳相见，得两夕之欵，所论益精密可喜，其进未可量也。"

其中提及伯崇虽然不是都在同一时，然皆有褒扬肯定之意。

而检戊子年朱子涉及评价之书信，有两条：

① 朱熹：《朱熹集》，四川教育出版社，1997年，第5239页。
② 朱熹：《朱熹集》，四川教育出版社，1997年，第1777页。
③ 朱熹：《朱熹集》，四川教育出版社，1997年，第1293页。
④ 朱熹：《朱熹集》，四川教育出版社，1997年，第1777页。

（1）《答石子重》（熹自去秋之中走长沙）："伯崇精进之意反不逮前，而择之见趣操持愈见精密。"①

（2）《答何叔京》十四（一出五旬而后反）："伯崇近得书，讲学不辍，似亦稍进。"②

第一条上已论及，作于年初。第二条对范伯崇稍有褒扬，但此书作于朱子赈济崇安饥荒之后，已远在六月。③

而"人自有生"第四书虽然并无明显褒扬范伯崇，但语气仍有肯定之意，至少当无贬义。若按钱穆之说，"中和旧说"四书在《答石子重》前，则朱子先肯定范伯崇，又在《答石子重》中贬抑之，此突变说不通，至少很牵强。而"人自有生"之言若对照乾道二年之评价，则非常顺畅。

四、总结

本文通过详细考论，首先分析了"人自有生"四书的义理脉络以判定其顺序。进而疏通《答何叔京》数书的义理脉络，证明其与"人自有生"四书不但没有思路上的冲突矛盾，反而相互交织，更加清晰完整地展现了朱子"中和旧说"的义理发展过程。最后，提出六条证据强度不一的旁证，对此进行补充。少数几条论证可能缺乏说服力，因此本文在每一章节都非常详细地梳理并提出众多证据，孤证可以说"偶然"，但如此多证据都指向一种结论，就绝非"偶然"了。

综上，本文的结论即是，"人自有生"四书之顺序为"一""四""二""三"；第四书与《答何叔京》二约在同时，即乾道二年七月间；第一书在前，当在与范伯崇讨论中领悟，伯崇六月到访，故此书当约在乾道二年六月；第二书在《答何叔京》三同时稍前，当在乾道二年九月至十月间；第三书与《答何叔京》八同时，约在乾道三年四月。

厘清四书之顺序对于研究朱子"中和旧说"思想的发展有重大意义，同时也能够更好理解朱子后来"中和新说"的转出与建立。本文通过如此繁复的考证，希望能为朱子思想演变的研究确立一个较为稳固的文献基础。

---

① 朱熹：《朱熹集》，四川教育出版社，1997年，第1980页。
② 朱熹：《朱熹集》，四川教育出版社，1997年，第1871页。
③ 顾宏义：《朱熹师友门人往还书札汇编》，上海古籍出版社，2017年，第847页。